친필로 채우는 고전 필사책

부자가 되는
과학적 방법

부자가 되고자 하는 욕망은
전적으로 옳다.

가장 과학적인 방법으로
부자가 될 [   ]씀

The Science of Getting Rich

친필로 채우는 고전 필사책

부자가 되는
과학적 방법

월리스 D. 와틀스 지음   지갑수 옮김

이담북스

흔히 월급만 받아서는 큰돈을 모을 수 없다고 한다. 사업이나 장사를 해야 한다거나 주식이나 부동산 투자를 해야 큰돈을 벌 수 있다고들 한다. 그런데 이 책에서는 사업이나 장사, 투자를 못 해서 부자가 못 되는 게 아니라 부자가 되는 방식대로 일하지 않기 때문에 큰돈을 벌지 못하는 것이라고 단언하고 있다. 곰곰이 생각해보면 내사업을 하건 월급쟁이를 하건, '일을 한다'라는 기본 줄기에는 변함이 없다. 즉, 사업을 하느냐 아니면 봉급을 받느냐가 중요한 게 아니라 일을 부자가 되는 방식에 따라 하느냐가 중요하다는 것이다.

성공하려거든 경쟁하지 말고 창조하라! 이것은 2005년부터 세계적인 경제경영의 트렌드로 자리 잡은 블루오션 전략의 핵심 내용과 똑같다. 블루오션 전략이 나오기 근 100여 년 전에 이 책은 이미 똑같은 내용을 설파하고 있는 것이다. 블루오션만이 아니다. 영어 원문으로는 얼마 되지 않는 분량이지만 이 책에는 현대의 경영, 리더십, 마케팅 등 장르를 넘나들며 눈을 번쩍 뜨이게 하는 아이디어들의 정수가 가득 담겨 있다.

이 책은 현대 모든 자기계발서의 원천이 된 고전 중의 고전이다. 《Think and Grow Rich》,《Alchemist》 등 후대의 모든 경영서, 자기계발서들은 모두 이 책의 영향을, 그것도 지대한 영향을 받았다. 당대 사상적 경향 때문에 이 책에는 기독교적인 배경이 강하게 깔려 있다. 그런 연유로 이 책의 서술 방식이 오늘날의 정서나 감각에는 잘 맞지 않을지도 모른다. 그러나 그 한 꺼풀의 장막을 헤치고 책의 정수를 꿰뚫어 볼 수 있는 혜안을 가진 독자들에게는 무한한 영감과 자극의 원천이 될 훌륭한 책임을 믿어 의심치 않는다.

마지막으로 책의 출판을 위해 애써주신 한국학술정보(주)의 여러분께 감사드린다.

저자 서문

이 책은 실용서이지 이론서가 아니다. 이론 논문이 아니라 실천 교본 같은 책이다. 지금 가장 절실한 것이 돈인가? 그럼 이 책을 읽어라. '부자가 되는 게 우선이다. 그에 대한 철학적인 사색은 나중에 하자'라고 생각하는 사람도 읽어라. 믿고 따를 만한 '부자가 되는 과학적인 방법'이 있다면 기꺼이 실천해보고 싶지만, 어떤 과정을 거쳐 그 방법이 나왔는지 따져보고 싶지는 않은 사람, 더구나 직접 이론적으로 깊이 있는 연구를 하기에는 당장 시간도, 기회도, 능력도 부족한 사람도 읽어라.

단, 이 책의 독자는 마르코니나 에디슨 같은 사람이 발표한 전기 법칙에 관한 내용을 조금의 의심 없이 믿듯, 이 책에 나와 있는 핵심적인 내용들을 신념을 가지고 믿어야 한다. 두려워하거나 주저하지 않고 책의 내용을 실천에 옮기면 책에서 말한 것과 같은 결과가 나올 것임을 믿어야 한다.

책에서 말하는 대로 실천에 옮긴 사람은 누구나 틀림없이 부자가 될 것이다. 이 책에서 알려주는 방법은 분명히 과학이기 때문에 실패할 수가 없다. 그러나 믿으려면 그만한 근거가 있어야 하지 않겠느냐는 생각에, 굳이 이론적으로 따져보고 싶은 독자들을 위해 여기에 이 책의 근간을 이루는 출처들을 나열해보겠다.

일원론적 우주론이란 것이 있는데, 하나가 전부이고 전부가 하나라는 이론이다. 즉, 한 요소가 물질계에 존재하는 수많은 물질을 다 표현해내고 있다는 것이다. 이는 힌두교에 뿌리를 두고 있는 생각으로 200여 년에 걸쳐서 서양인들의 사고방식 깊숙이 침투해 들어왔다. 사실 이것은 모든 동양철학의 근본이며 데카르트, 스피노자, 라이프니츠, 쇼펜하우어, 헤겔, 에머슨과 같은 이들의 사상의 근간이기도 하다.

이 책의 철학적 근간을 탐구하고자 하는 독자라면 헤겔과 에머슨을 읽어볼 것을 권한다.

나는 누구나 이 책을 이해할 수 있도록 하기 위해 오직 간결하고 단순하게 쓰는 것에만 신경을 썼다. 여기에서 기술하는 실천 방법은 철학적 사유의 결과이지만 철저하게 검증했으며 실전이라는 최고의 테

스트도 거쳤다. 그렇기 때문에 이대로만 하면 누구나 반드시 부자가 된다. 원하는 게 내가 어떻게 이러한 결론을 얻었는지에 대한 이론적 탐구라면 위에 나열해놓은 인물들의 책을 읽어라. 원하는 게 실전을 통해 그 철학의 과실을 얻는 것, 즉 부자가 되는 것이라면 이 책을 읽어라. 그리고 내가 하라는 대로 하라.

윌리스 D. 와틀스

목차

잘 쓰는 법

필사는 의지를 다잡는 확실한 방법의 하나입니다. 놀랍게도 영감을 주는 글을 차분히 따라 쓰는 것만으로도 의지를 다잡고 긍정적인 미래로 방향키를 돌릴 수 있지요. 가장 느리게 책을 읽는 방법인 만큼, 좋은 문장을 가장 확실하게 나의 것으로 만드는 데 효과적입니다.

손에 쥐기 편한 펜이나 연필을 들고 비어 있는 책의 반쪽을 채워보세요. 낱말과 낱말이 만나 문장이 되는 경이로움을 느끼며, 내가 진정으로 원하는 소망을 떠올려보세요. 문장이 전하는 삶의 지혜가 소망을 이루는 힘을 줄 것입니다.

필사가 주는 순수한 기쁨을 느끼는 것도 즐거움입니다. 종이와 필기구가 맞닿는 소리에 귀를 기울이며, 종이와 아날로그 행위가 주는 따스함에 촉감을 세워보세요. 나에게 온전히 몰입하는 시간 속에서 차분한 마음으로 성공의 열쇠를 발견하게 될 것입니다.

특히나 이 책은 페이지를 한 장씩 넘길 때마다 과학적인 방법으로 부자가 되는 법을 자연스럽게 익히게 해줍니다. 고전이 간직한 부자의 비법이 깃들길 바랍니다.

책의 구성

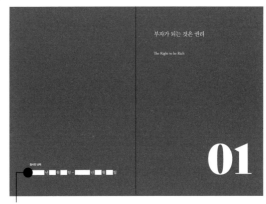

필사한 날짜를 기록해보세요.

본문입니다. 이 내용을 오른쪽 페이지에 필사해보세요.
책 보듯이 후루룩 읽어도 좋아요.

멋진 문장을 원문으로도
만나보세요.

내 글씨로 채우는 공간입니다.
모든 글을 따라서 써도 좋고,
마음에 와닿은 문장을 여러 번
새기듯 써보아도 좋아요.

필사한 날짜

☐☐☐☐년☐월☐일 ~ ☐☐☐☐년☐월☐일

부자가 되는 것은 권리

The Right to be Rich

01

별의별 미사여구를 다 동원해
가난을 칭찬할 테면 하라.

그래 봐야 부자가 아닌 사람의 인생은
진정으로 완벽하고 성공적인 인생이 될 수 없다는
사실에는 변함이 없다. 아무리 재능과 능력이 있어도
돈이 충분히 없으면 그 재능과 능력을
최고로 꽃피울 수가 없기 때문이다.
재능을 발전시키고 능력을 펴기 위해서는
소비해야 할 것들이 아주 많은데
돈이 없으면 그런 것들을 살 수가 없기 때문이다.

사람이 정신적 · 영적 · 신체적으로 발달하려면
뭔가를 소비(사용)해야 한다.
그런데 사회란 곳은 돈이 있어야
사용할 물건을 가질 수 있는 곳이다.
그러므로 사람이 발전하기 위해
가장 기본적으로 알아야 할 것이
바로 돈을 많이 버는 과학적 방법이다.

모든 생명 있는 것들의 목적은 자라는 것,
바로 발전이므로 살아 있는 모든 것에는
가능한 한 모든 형태로 발전할
천부적인 권리가 있다.

사람은 자신의 정신적 · 영적 · 신체적 잠재력을

활짝 꽃피우는 데 필요한 모든 것을

아무런 제한 없이 자유롭게 소비할 권리가 있다.

이는 다른 말로 하면

누구나 부자가 될 권리가 있다는 것을 뜻한다.

내가 이 책에서 말하는 부는 상징적인 의미의 부가 아니다.

진정으로 부유하다는 것은

작은 것에 만족하는 것을 뜻하는 것이 아니기 때문이다.

좀 더 갖고 좀 더 즐길 능력이 있다면

작은 것에 만족해서는 안 된다.

삶의 발전과 발현은 자연의 섭리이므로

사람이라면 누구나 이러한 섭리에 순응하여

고귀하고 아름답고 풍족해야 한다.

그렇지 못한 상태로 만족하는 것은 죄악이다.

Man's right to life means his right to have

the free and unrestricted

use of all the things which may be

necessary to his fullest

mental, spiritual, and physical unfoldment

부유한 사람이란 원하는 것을 모두 가진 사람,

그래서 자기가 살고 싶은 대로 살 수 있는 사람을 말한다.

그런데 돈이 충분하지 않으면

원하는 것을 모두 가질 수가 없다.

현대의 삶은 대단히 발달되어 있고

그만큼 복잡해져 있기 때문에

가장 평범한 남녀조차도 완벽한 수준에

미치지 못하는 정도의 생활을 유지하기 위해서도

상당히 많은 액수의 돈이 필요하다.

될 수 있는 것은 무엇이건 되고 싶어 하는 것은
인간의 자연스러운 욕망이다.
이렇게 자신의 타고난 가능성을 실현하고자 하는 욕망은
인간의 본성인 것이다.
될 수 있다는 것을 알면서도 바라지 않는 것은 불가능하다.
인생에서 성공한다는 것은 원하는 대로 되는 것이다.
그런데 원하는 대로 되기 위해서는 뭔가를 사용해야만 한다.
그리고 그 뭔가를 자유롭게 사용하기 위해서는
그것들을 살 수 있을 만큼 돈이 있어야 한다.
그러므로 부자가 되는 과학적 방법을 이해하는 것은
지식 중에서도 가장 기본이 되는 지식이다.

부자가 되고자 하는 것은

조금도 잘못된 것이 아니다.

부자가 되고자 한다는 것은 좀 더 부유하고

좀 더 충만하고 좀 더 풍요로운 삶을

살고자 하는 것이기 때문에 오히려 칭찬을 받을 일이다.

좀 더 풍요롭게 살고자 하는 욕망이 없는 사람이 비정상적이다.

즉, 필요한 모든 것을 사기에

충분한 돈을 갖고 싶어 하지 않는 사람은 비정상적이다.

There is nothing wrong in wanting to get rich.

The desire for riches is really the desire for a richer, fuller,

and more abundant life; and that desire is praiseworthy

사람은 세 가지를 위해 산다.

몸과 정신, 영혼이 그것이다.

이 셋 사이에 우열은 없다.

세 가지 모두 숭고하고 바람직하다.

그리고 셋 중 어느 하나라도 온전히 발현되지 않으면

나머지 것들도 온전히 발현될 수 없다.

영혼만을 위해 살며 몸과 정신을 부정하는 것은

옳은 일도 고귀한 일도 아니다.

정신만을 위해 살며

몸과 영혼을 부정하는 것도 잘못이다.

우리는 정신과 영혼은 부정하면서

오직 몸을 위해서만 사는 삶이

얼마나 끔찍한 결말을 가져오는지 잘 알고 있다.

우리는 진정한 삶이란 사람이 몸과 정신, 영혼을 통해

자신의 모든 것을 완벽하게 발현해내는 것임을 안다.

아무리 둘러댄다고 해도,

몸이 모든 면에서 충만하게 살고 있지 못하다면,

어느 누구도 진실로 행복하거나 만족스러울 수 없다.

그의 정신이나 영혼이 충만하지 못한 경우도 마찬가지다.

발현되지 못한 가능성이 있거나

발휘되지 못한 재능이 있다는 것은

충족되지 않은 욕망이 있다는 뜻이다.

욕망이란 가능성을 표현하고자 하는 것이며

능력을 발휘하고자 하는 것이다.

좋은 음식과 편안한 의복, 따뜻한 보금자리,
과도한 노동으로부터의 자유가 없는 사람은
신체적으로 충만하게 살 수 없다.
휴식과 오락 역시 신체적 삶에서 필수적인 것이다.

책이 없는 사람, 책은 있는데 읽을 시간이 없는 사람,
여행이나 관찰, 지적인 교류를 할 기회가 없는 사람은
정신적으로 충만하게 살 수 없다.

정신적으로 충만하게 살려면 사람에게는
지적인 유희가 필요하며
각자가 이용하고 감상할 수 있는 예술이나
미의 대상이 주변에 있어야 한다.

영혼이 충만한 삶을 살려는 사람에게는
사랑이 있어야 하는데 사랑의 표현은
가난에 의해 방해받는다.

사람은 사랑하는 사람에게 은혜를 베풀 때
최고의 행복을 느낀다.
자연스럽고 자발적인 사랑의 표현은
베푸는 것에 있다.
줄 것이 아무것도 없는 사람은 남편이나 아버지,
시민, 남자로서 자신의 본분을 다할 수 없다.

이와 같이 사람은 물질의 소비를 통해서 몸과 정신,
영혼이 충만한 삶을 살 수 있다.
그러므로 사람에게 최고로 중요한 것은
바로 부자가 되는 것이다.

A man's highest happiness is found in
the bestowal of benefits
on those he loves; love finds its most
natural and spontaneous
expression in giving.

부자가 되고자 하는 욕망은 전적으로 옳다.

정상적인 인간이라면 그러한 욕망을 안 가질 수가 없다.

사람이 부자가 되는 과학적인 방법에

최대의 관심을 기울이는 것은 지극히 올바른 일이다.

왜냐하면 부자가 되는 과학적 방법이야말로 가장 고귀하고

가장 필요한 공부이기 때문이다.

이 공부를 무시하면 그것은 우리 자신에 대한,

신에 대한, 그리고 인간에 대한 직무 유기가 된다.

왜냐하면 우리 자신을 최고로 실현하는 것보다

신과 인간에게 더욱 크게 보답하는 길은 없기 때문이다.

It is perfectly right that you should desire to be rich

The Science of Getting Rich

필사한 날짜

[   ] 년 [   ] 월 [   ] 일 ~ [   ] 년 [   ] 월 [   ] 일

부자가 되는 과학적 방법

There is a Science of Getting Rich

부자가 되는 과학적 방법은 존재한다.

그것은 대수학이나 산술처럼 엄밀한 과학이다.

부를 획득하는 과정을 지배하는 특정 법칙이 있어서

일단 이 법칙들을 배우고 실천하게 되면

누구나 수학 문제가 풀리는 것처럼

확실하게 부자가 될 수 있다.

There is a Science of getting rich,

and it is an exact science, like algebra or arithmetic.

There are certain laws which govern

the process of acquiring riches; once these laws are learned and

obeyed by any man, he will get rich with

mathematical certainty.

The Science of Getting Rich

돈이나 재산은 특정한 방식으로 일을 해야 생긴다.
알고 했든 모르고 했든 이 특정 방식대로 일을 하는 사람은
부자가 될 것이다.
그리고 이 방식대로 일을 하지 않는 사람은
아무리 열심히 노력하고 아무리 재능이 있더라도
가난을 면치 못할 것이다.

이것은 같은 원인이 항상 같은 결과를 낳는 것처럼
하나의 자연법칙이다.
그러므로 이 방식대로 일하는 법을 배운 사람은
누구나 틀림없이 부자가 될 수 있다.

방금 한 말이 진실임은 다음의 사실로 증명된다.

부자가 되는 것은 환경 때문이 아니다.

만약 환경 때문에 부자가 된다면

어떤 동네에 사는 사람들은 모두 부자가 되어야 할 것이다.

또한 어떤 도시에 사는 사람은 모두 부자가 되는 반면

다른 도시에 사는 사람들은 모두 가난해야 할 것이다.

또 어떤 지역의 거주자들은 돈을 물 쓰듯 하며 살지만

그 옆 지역의 거주자들은 가난에 허덕여야 할 것이다.

그러나 부자와 가난한 사람이 같은 환경에서
나란히 사는 것은 어디에서건 볼 수 있다.

직업이 같은 경우도 많다.

같은 지역에 살고, 같은 일을 하는 두 사람 중에서도

어떤 사람은 부자가 되지만

다른 사람은 가난을 면하지 못하는 것을 보면

부자가 되는 것은 본질적으로 환경의 문제가 아니다.

어떤 환경이 좀 더 유리한 경우는 있을 것이다.

그러나 같은 동네에 살면서 같은 일을 하는 두 사람 중에서도

어떤 사람은 부를 쌓고 어떤 사람은 실패하는 것을 보면

부자가 되는 것은 일을 어떤 특정한 방식에 따라 한 결과이다.

또한 재능이 있다고 해서
특정 방식에 따라 일을 하는 능력이 있는 것도 아니다.
뛰어난 재능이 있으면서도
가난한 사람들도 많고 별 재능도 없으면서
부자인 사람도 많기 때문이다.

부자가 된 사람들을 연구해보면 그들이 모든 면에서
보통 사람들과 다를 바 없음을 알게 된다.
다른 사람들에 비해 특별한 재능이나
능력이 있는 사람들이 아닌 것이다.
그러므로 다른 사람들에게는 없는 재능이나 능력이 있어서
이들이 부자가 된 것이 아니라
일을 특정한 방식에 따라 했기 때문에
부자가 됐다는 것은 틀림없는 사실이다.

부자가 되는 것은 근검절약의 결과도 아니다.

극도로 절약을 하는 사람들도

가난한 경우가 많으며 아무런 제약 없이 돈을 쓰는데도

부유한 경우도 많기 때문이다.

또한 다른 사람들이 해내지 못하는 일을 해내기 때문에

부자가 되는 것도 아니다.

왜냐하면 두 사람이 같은 업종에서 거의 똑같은 일들을 하더라도

그중 하나는 부자이지만 다른 하나는 가난을 면하지 못하거나

파산하는 경우가 있기 때문이다.

지금까지 살펴본 것들로 미루어볼 때,

부자가 되는 것은 일을 특정한 방식에 따라 했기 때문이라는

결론에 도달하지 않을 수 없다.

부자가 되는 것이 일을 특정한 방식에 따라 한 결과라면

그리고 동일한 원인은 항상 동일한 결론을 이끌어낸다면,

그 특정한 방식에 따라 일을 하는 사람은 누구나 부자가 될 수 있다.

따라서 부자가 된다는 것은 분명 과학의 영역에 해당한다.

그렇다면 이제 이 특정 방식이라는 게 너무 어려워서
극소수의 사람만이 따라 할 수 있는 게 아닌가 하는 의문이 생긴다.
그러나 앞서 보았듯, 이것은 타고난 능력이 있어서
그렇게 할 수 있는 것은 결코 아니다.
재능이 있는 사람도 부자가 되고
흐리멍덩한 사람도 부자가 되며
지적인 사람도 부자가 되고
어리석은 사람도 부자가 된다.
신체적으로 강한 사람도 부자가 되며
병약한 사람도 부자가 된다.

물론 어느 정도의 사고력과 이해력은 필수적이다.

그러나 타고난 능력이 없어도

이 책을 읽고 이해할 수 있을 정도의 능력만 있다면

누구나 분명히 부자가 될 수 있다.

또한 앞서 보았듯, 환경 때문에 부자가 되는 것도 아니다.

물론 환경도 중요하다.

사하라사막의 한복판으로 가서

성공적인 사업을 할 수는 없기 때문이다.

부자가 되기 위해서는 사람을 다뤄야 하는데

사람을 다루기 위해서는 사람들이 있는 곳에서 살아야 한다.

만약 주변 사람들도 우리의 거래 방식대로 거래하기를 좋아한다면

그만큼 더 좋다.

하지만 이것은 환경과 관련해서 그렇다는 것이다.

우리가 사는 지역에서 누군가가 부자가 될 수 있다는 것은
우리도 부자가 될 수 있다는 뜻이다.
우리가 사는 나라에서 누군가가 부자가 될 수 있다는 것은
우리 역시 부자가 될 수 있다는 뜻이다.

다시 말하지만 부자가 된다는 것은
특정 업종이나 직업과 관련된 문제가 아니다.
어떤 업종, 어떤 직업에서든 부자가 될 수 있다.
하지만 똑같은 일을 하는 옆집 사람은
가난에서 헤어나지 못할 수도 있는 것이다.

자신이 좋아하고 적성에 맞는 직종에서

최상의 성과를 올리게 되리라는 것은 사실이다.

또 갈고닦은 재능이 있다고 할 때

그 재능이 꼭 필요한 업종에서

역시 최대의 성과를 올리게 될 것이다.

또한 입지에 잘 맞는 업종에서 최대의 성과를 올리게 될 것이다.

예컨대 아이스크림 장사라면

그린란드 같은 추운 지역보다는

따뜻한 지역에서 더 잘될 것이고,

연어잡이라면

연어라고는 찾아볼 수 없는 플로리다보다는

노스웨스트에서 더 잘될 것이다.

그러나 이러한 일반적인 제약을 제외한다면

부자가 되는 일은

우리가 어떤 특정 업종에 종사하느냐에 달린 것이 아니라

일을 어떤 특정한 방식에 따라 하느냐 하지 않느냐에 달려 있다.

만약 나와 같은 지역, 같은 업종에서 일하는

어떤 사람은 많은 돈을 벌고 있는데

나는 죽을 쑤고 있다면

이는 내가 그 사람과 같은 방식으로

일을 하고 있지 않다는 말이다.

자본이 없어서 부자가 되지 못한 게 아니다.

자본이 있는 사람이 돈을 더 쉽게,

더 빨리 불린다는 것은 사실이다.

그러나 자본이 있는 사람은 이미 부유한 사람이므로

어떻게 해야 부자가 될지 고민할 필요가 없다.

아무리 가난하더라도,

일을 어떤 특정한 방식에 따라 하기 시작한다면

우리도 부자가 될 것이며 자본을 획득하기 시작할 것이다.

자본의 획득은 부자가 되는 과정의 하나일 뿐이다.

자본이 있어서 부자가 되는 게 아니라

일을 특정 방식대로 했기 때문에 자본을 얻게 되는 것이다.

The getting of capital is a part of

the process of getting rich; and it is

a part of the result which invariably follows

the doing of things in the Certain Way.

세상에서 가장 가난한 사람이어도 좋고,

큰 빚을 지고 있어도 좋다.

친구도, 영향력도, 재능이나 수단, 가진 것이 하나도 없어도 괜찮다.

일을 특정한 방식대로 계속하기만 하면 부자가 안 될 수가 없다.

동일한 원인은 동일한 결과를 낳게 되어 있기 때문이다.

자본이 없다면 자본을 갖게 될 것이다.

좋지 않은 업종에서 일하고 있다면,

좋은 업종에서 일하게 될 것이다.

입지가 안 좋은 곳에 있다면

좋은 곳으로 옮겨 가게 될 것이다.

바로 현재 속한 업종, 현재 입지 조건에서 시작하라.

성공을 낳는 그 특정한 방식에 따라 일을 시작하라.

그러면 된다.

기회는 소수가 독점하고 있는가?

Is Opportunity Monopolized?

기회가 없기 때문에 가난을 면하지 못하는 사람은 하나도 없다.
즉, 일부 사람들이 부를 독점하고 있기 때문에
우리가 부자가 못 되는 게 아니라는 말이다.
어떤 일부 업종에 뛰어드는 것이 불가능할 수는 있다.
하지만 다른 경로가 항상 열려 있다.

철도 산업처럼 거대한 분야에서 영향력을 발휘하기는
분명 힘들 수도 있다.
철도 분야는 이미 확고하게 독점 체제가 갖춰져 있기 때문이다.
그러나 전기 · 철도 사업은 아직 커 나가는 단계라서
수많은 분야에 걸쳐 사업의 기회가 널려 있다.
또한 몇 년만 있으면 하늘을 이용한 교통 및
운송 분야가 거대한 산업이 될 것이고
그 곁가지로 뻗어 나오는 수많은 산업 분야를 통해
수십만, 아니 수백만 명의 일자리가 생겨날 것이다.
증기철도 산업 분야에서 J. J. 힐[1]이나
다른 거물들과 경쟁을 벌이는 대신
항공교통 분야로 왜 눈을 돌리지 않는가?

---

1 제임스 제롬 힐(1838~1916): 미국의 철도 재벌.

철강업계에서 일하는 어떤 노동자가

자신이 일하는 공장의 소유주가 될 가능성은

매우 적다는 것이 사실이다.

그러나 만약 그가 특정 방식대로 행동하기 시작하면

조만간 철강업계에서 벗어날 수 있다는 것 또한 사실이다.

그는 10에이커($40,468\,m^2$)에서 40에이커($161,872\,m^2$)에 달하는

농장을 사서 식품 산업을 벌이게 될지도 모르는 일이다.

현대는 작게나마 땅을 소유하고

그 땅을 밀도 있게 경작하는 사람들에게

커다란 기회가 열려 있는 시대다.

그런 사람이 있다면 그는 분명히 부자가 될 것이다.

우리가 땅을 갖는 것은 불가능하다는 생각이 들 수도 있다.

그러나 땅을 갖는 것이 불가능한 것이 아님을,

특정방법대로 일을 한다면

분명히 농장을 가질 수 있다는 것을

내가 이제부터 증명해 보일 것이다.

시대에 따라 기회의 흐름도 달라진다.

전체 사회의 필요에 따라, 사회가 발전의

어느 단계에 와 있느냐에 따라 달라지는 것이다.

현재 미국은 농업 및 농업 관련 산업이나 직종으로

기회의 흐름이 흐르고 있다.

오늘날 기회는 공장 라인 앞에 서 있는 노동자에게 열려 있다.

공장 노동자들에게 물품을 공급하는 사업가보다

농부들에게 물품을 공급하는 사업가에게

더 많은 기회가 열려 있다.

또한 노동자 계급에 서비스를 제공하는 전문직 종사자보다

농부에게 서비스를 제공하는 전문직 종사자에게

더 많은 기회가 열려 있다.

이러한 흐름에 맞서려고 하는 사람이 아니라

흐름을 따라가려는 사람에게

무한한 기회가 주어지는 법이다.

그러므로 공장 노동자들이라고 해서,

개인으로든 노동자계급 전체로든 간에

기회가 박탈된 상태에 있는 것은 아니다.

공장주들에 의해 억압받고 있는 것이 아니며

기업과 연합 자본에 의해 짓밟히고 있는 것이 아니다.

노동자계급 전체가 현재와 같은 상황에 부닥친 이유는

그들이 일을 특정한 방식대로 하지 않기 때문이다.

미국 노동자들이 특정 방식대로 일하고자 한다면

그들은 벨기에나 다른 국가들의 노동자들이 한 것처럼

거대한 백화점을 세우고 협동조합 산업을 일으킬 수 있다.

노동자 출신을 관료로 뽑을 수 있으며

협동조합 산업의 발전을 지원하는 법을 통과시킬 수도 있고

몇 년 후에는 투쟁 없이 산업을 장악할 수도 있다.

There is abundance of opportunity for

the man who will go with

the tide, instead of trying to swim against it.

일을 특정한 방식대로 시작하기만 하면

바로 노동자계급이 지배계급이 될 수도 있다.

부의 법칙은 세상 누구에게나 똑같이 적용되기 때문이다.

노동자계급이 배워야 할 것은

그들이 지금과 같은 방식으로 일을 계속하는 이상, 현재의 상태에서

결코 벗어날 수 없으리라는 사실이다.

그러나 노동자계급이 무지하고 게으르다고 해서

개개 노동자가 모두 다 그런 것은 아니다.

각 노동자는 기회의 흐름을 타서 부자가 될 수 있다.

이 책이 그 방법을 가르쳐줄 것이다.

부의 공급이 부족해서 사람들이 가난을 면하지 못하는 것이 아니다.
모든 사람이 부자가 되고도 남을 만큼 부는 충분하다.

미국에 있는 건축자재만 가지고도 지구상 모든 가족에게
워싱턴 국회의사당만큼 큰 대저택을 지어줄 수 있다.
또 집약적 농업을 이용하면 솔로몬이 전성기에 입었던
화려한 옷보다 더 고급 품질인 옷을 만들어
지구상의 모든 사람을 입히기에 충분한 많은
양모와 면화, 리넨, 비단을 생산할 수 있고
동시에 세상 사람 모두를 최고급으로 먹이고도 남을 만큼
많은 음식도 이곳 미국에서만 모두 생산해낼 수 있다.

눈에 보이는 부의 공급만 해도
실질적으로 무한대에 가까우며,
눈에 안 보이는 공급량까지 생각하면
부의 고갈이란 불가능하다.

그런데 지구상에 존재하는 모든 것은
하나의 근원적인 물질에서 비롯되었다.
이 근원적인 물질에서 다른 모든 것이 파생된 것이다.

새로운 형상이 끊임없이 만들어지며
오래된 형상들은 사라져가지만
이 모든 것이 하나의 '근원물질'에서 나온다.

무형인 근원물질은 무한정 많다.
우주는 이 무형의 근원물질로 만들어져 있는데
그렇다고 우주를 만드는 데
그 근원물질이 모두 사용되어 버린 것은 아니다.
눈에 보이는 우주 형상의 내부와
틈새 사이사이에 근원물질이 스며들어 가득 차 있다.
이 근원물질은 모든 것의 재료가 되는 무형의 물질이다.
여태까지 만들어진 우주의 수만 배가
이 근원물질로부터 더 만들어질 수 있으나
우주의 재료가 되는 이 물질의 공급이 고갈되는 일은
일어나지 않는다.

그러므로 자연이 가난해서,
즉 모두에게 돌아갈 만큼 충분하지 못해서
사람들이 가난한 것이 아니다.

자연은 고갈되지 않는 부의 저장 창고다.
부의 공급은 결코 소진되지 않는다.
근원물질은 창조력으로 충만해 있어서
끊임없이 다양한 형상들을 생성해낸다.
건축자재가 다 소진되면 더 많은 건축자재가 생성될 것이다.
지력이 다 소진되어 식량과 옷감의 원료를 재배할 수가 없게 되면
토양이 재생되거나 더 많은 토양이 만들어질 것이다.

땅에서 금과 은을 다 캐냈는데
인간 사회가 여전히 금과 은이 필요한
발달 단계에 머물러 있다면
더 많은 금과 은이 무형의 근원물질에서 생산될 것이다.
무형의 근원물질은 인간의 필요에 부응하기 때문에
인간이 부족하게 살도록 놔두지 않을 것이다.

이것은 인간 전체로 봐도 사실이다.
즉, 인류 전체는 항상 부유하다.
그런데 가난한 개개인이 존재하는 것은
그들이 일을 할 때 개개인을 부유하게 만드는
특정한 방식에 따르지 않기 때문이다.

무형의 근원물질은 지적인 존재이기 때문에
생각을 할 수 있다.
이 근원물질은 생명이 있는 것이어서
항상 더 풍부한 삶을 추구하는 것이다.

더 풍부한 삶을 추구하는 것은
모든 생명이 자연스럽게 타고나는 본능이다.
자신을 확장하려는 것, 자신의 경계를 확대해
좀 더 충만하게 자신을 표현하려는 것은
의식의 본성이다.
유형의 우주는 무형의 살아 있는 근원물질에 의해 만들어졌다.
무형의 근원물질은 자신을 좀 더 충만하게 표현하기 위해
자신을 유형의 형상으로 전환시키는 것이다.

It is the natural and inherent impulse of
life to seek to live more; it is the nature of intelligence
to enlarge itself, and of consciousness to seek
to extend its boundaries and find fuller expression.

우주는 항상 본성적으로

더 많은 삶과 더 충만한 기능을 얻기 위해

움직이는 거대한 살아 있는 존재다.

생명의 진보에 맞춰 형성되는 것이 자연이므로

자연의 지배적인 동기는 생명의 증가다.

이를 위해 생명에 도움이 되는 것들은

무엇이건 충분히 공급된다.

그러므로 신이 자신을 부정하고

자신이 한 모든 것을 무력화시켜 버리지 않는 이상

부족이란 있을 수 없다.

부의 공급이 부족해서 가난한 것이 아니다.

특정한 방식으로 행동하고 생각하려는 사람은

무형의 근원물질의 자원조차도 마음대로 통제할 수 있기 때문이다.

이것을 이제부터 좀 더 분명히 논증해보겠다.

필사한 날짜

<table>
<tr><td></td><td>년</td><td></td><td>월</td><td></td><td>일 ~</td><td></td><td>년</td><td></td><td>월</td><td></td><td>일</td></tr>
</table>

부자가 되는 과학적 방법의 첫 원칙

The First Principle in the Science of Getting Rich

생각은 무형의 근원물질에서
유형의 부를 생산해낼 수 있는 유일한 힘이다.
모든 물질이 만들어지는 근원물질은 생각하는 물질이어서
이 근원물질이 생각하는 대로 형상이 만들어지는 것이다.

근원물질은 그 생각대로 움직인다.
자연에서 관찰되는 모든 형상과 과정은
근원물질의 생각이 구체적으로 표현된 것이다.
근원물질이 어떤 형상을 생각하게 되면
그 형상을 띠게 되는 것이다.
근원물질이 움직임을 생각하면
그대로 움직이게 되는 것이다.
이것이 모든 것이 창조되는 방식이다.

우리는 근원물질이 생각으로 만들어낸 세계,

생각으로 만든 우주에 살고 있다(세계는 우주의 일부분이다).

과거에 무형의 근원물질이

움직이는 우주에 대한 생각만을 하던 때가 있었다.

근원물질은 자신의 생각대로 작용하기 때문에

결국 자신의 생각에 따라

행성 시스템의 형상을 띠게 되었고

그 형상을 유지하고 있다.

생각하는 근원물질은 자신의 생각대로 변하며

자신의 생각대로 행동하는 것이다.

근원물질이 원운동을 하는 태양과 행성을 생각하면,

스스로 생각한 그대로 변하게 되고,

그대로 별들이 움직인다.

근원물질이 천천히 자라나는 떡갈나무의 모습을 생각하면,

스스로 생각한 그대로 활동하여

- 비록 수백 년의 시간이 소요되겠지만 -

나무가 된다.

창조를 할 때,

근원물질은 자신이 설정해놓은

활동선을 따라 활동하는 것으로 보인다.

즉, 떡갈나무를 생각했다고 해서

즉각적으로 다 자란 떡갈나무가 생겨나는 것은 아니다.

그러나 다 자란 떡갈나무를 생각하면

그러한 나무를 만들어내는 힘들이 작동하고,

설정된 활동선을 따라 나무가 만들어진다.

근원물질이 어떤 형상을 생각하게 되면

그 형상이 창조된다.

그러나 그 형상은 항상 (혹은 보통은) 이미 설정된 행동과

성장의 선을 따라 그렇게 된다.

어떤 형상을 가진 집을 생각했을 때,

만약 그 생각이 무형의 근원물질에 영향을 미친다고 해도,

즉각적으로 집의 형상이 만들어지지는 않는다.

그러나 그 때문에 거래와 유통 분야에서

이미 작용하고 있는 창조 에너지들이

어떤 경로를 따라 작동하여 (건축이라는 기존 경로로 움직여)

결국 신속하게 집을 만들어내게 될 것이다.

창조 에너지가 작동할 기존의 경로가 없는 경우에는,

집은 유기물 혹은 무기물 세계의

점진적인 과정을 따르지 않고

기본 물질에서 바로 만들어지게 될 것이다.

형상에 대한 생각이 근원물질에 표현되면
반드시 그 형상이 창조된다.

사람은 생각의 중심으로 생각의 시초 근원지가 될 수 있다.
사람이 손으로 만들어내는 모든 형상은
먼저 그의 생각 내에서 존재해야 한다.
사람은 그가 생각해보지도 않은 것의 형상을
만들어낼 수는 없다.

그런데 여태까지 인간은 손을 이용해서 하는
작업에만 노력을 기울여왔다.
즉, 이미 존재하는 형상을 바꾸거나 수정하기 위해
육체노동을 한 것이다.
자신의 생각을 무형의 근원물질에 적용하여
새로운 형상을 만들어보겠다는 생각은
결코 해본 적이 없다.

즉, 사람은 어떤 형상을 생각하게 되면

자연에 있는 재료를 취해서

자신의 마음속에 있는 형상의 모습대로 만든다.

지금까지 인간은 '무형의 지혜'와 협력하려는,

즉 '신과 함께' 작용하려는 노력을 거의 혹은

전혀 하지 않았던 것이다.

인간은 그가 목격한 '신의 기적'을

자신도 할 수 있다는 것을 꿈도 꾼 적이 없다.

사람은 신체노동을 이용해

이미 존재하는 형상을 바꾸거나 수정할 뿐이다.

인간은 자신의 생각을 무형의 근원물질과 주고받음으로써

그 근원물질로부터 유형의 형상을

만들 수 있지 않을까 하는 문제에 대해 관심을 기울인 적이 없다.

우리는 인간이 그렇게 할 수 있다는 것을 증명하고자 한다.

어떤 남자나 여자라도 그렇게 할 수 있다는 것을

증명하고 그 방법도 보여주고자 한다.

그 첫 단계로 세 가지 기본 명제를 제시하고자 한다.

The Science of Getting Rich

첫째, 단 하나의 무형의 근원물질이 있으며

이것으로부터 다른 모든 것이 만들어졌음을 단언한다.

겉모습이 다른 수많은 형상은

이 한 물질이 여러 다른 모습으로 표출된 것일 뿐이다.

유기체와 무기체 세계에서 발견되는

수많은 형상 역시 겉모습만 다를 뿐

모두 이 한 가지 물질에서 만들어진 것이다.

이 근원물질이 바로 생각하는 물질이며

이 물질이 생각하는 대로 형상이 만들어진다.

생각하는 물질이 생각을 하면 그것이 형상으로 되는 것이다.

사람은 생각의 중심으로 생각의 원천이 될 수 있다.

사람이 자신의 생각을

시초의 생각하는 물질과 주고받을 수 있다면

그는 그가 생각하는 것을 형상화하거나 창조할 수 있다.

요약해보자.

다른 모든 것의 근원이 되는 생각하는 근원물질이 있다.

이것은 그 원초적인 형상으로

우주의 모든 공간에 침투하여 퍼져 있고 채워져 있다.

이 생각하는 근원물질이 생각을 하면

그 생각의 이미지대로 형상이 창조된다.

사람은 형상을 생각할 수 있으며

그가 생각한 형상을 무형의 근원물질에 작용시켜

그가 창조하고자 생각했던 것을 만들어낼 수 있다.

There is a thinking stuff from which all things are made,

and which, in its original state, permeates, penetrates,

and fills the interspaces of the universe.

A thought, in this substance, produces the thing that is imaged by

the thought.

Man can form things in his thought, and,

by impressing his thought upon Formless Substance,

can cause the thing he thinks about to be created.

이 주장을 내가 증명할 수 있는지 묻는다면,

우선 개략적으로 말해서,

논리적으로도 경험적으로도

그렇게 할 수 있다는 것이 나의 대답이다.

형상과 생각에 대한 현상을 따져보면

생각을 하는 시초의 근원물질에 이르게 되는데

생각을 하는 근원물질이라는 것을 따져보면

생각한 대로 형상을 만들어내는

능력이 있는 인간에 이르게 된다.

그리고 실험을 통해

나는 이 추론이 사실임을 확신했으므로

바로 가장 강력한 증거가 되는 것이다.

만약 이 책을 읽고 책에 쓰인 대로 해서

부자가 되는 사람이 한 명이라도 생긴다면

이는 내 주장이 사실이라는 증거가 된다.

그러나 이 책에 나와 있는 대로

한 사람마다 모두 부자가 된다면,

누군가 부자가 되는 데 실패할 때까지

내 주장은 확고한 사실이 된다.

검증 실험에서 실패하는 일이 생기기 전까지는

이론은 참으로 인정되기 때문이다.

그런데 내 이론대로 하면 실패하는 일은 없을 것이다.

왜냐하면 이 책에서 내가 하라는 대로 하는

모든 사람이 부자가 될 것이기 때문이다.

나는 특정한 방식에 따라 일을 하는 사람은
부자가 된다고 말해왔다.
특정 방식에 따라 일을 하기 위해서는
먼저 특정한 방식에 따라 생각할 수 있어야 한다.
사람이 일을 하는 방식은
그가 생각하는 방식과 직결되기 때문이다.

바라는 대로 일을 하기 위해서는
바라는 대로 생각하는 능력을 먼저 갖춰야 한다.
이것이 부자가 되는 첫 단계다.

바라는 대로 생각한다는 것은
겉모습에 현혹되지 않고 본질,
즉 진실을 보는 것이다.

To do things in a way you want to do them,
you will have to acquire the ability to
think the way you want to think;
this is the first step toward getting rich.

누구나 바라는 대로 생각할 수 있는 능력,

즉 진실을 보는 능력이 있다.

그러나 겉모습에 따라 생각하는 것보다

진실을 보는 것이 훨씬 더 힘이 든다.

겉모습에 따라 생각하는 것은 쉽다.

반면에 겉모습에 현혹되지 않고

진실을 보는 것은 힘든 일이며,

사람이 하는 그 어떤 일보다도

더 많은 에너지가 필요하다.

한결같이 일관성 있게 생각하는 것보다

사람들이 더 질색하는 것은 없다.

세상에서 가장 어려운 일이기 때문이다.

특히 진실이 겉모습과 상충될 때 더욱 그렇다.

우리는 세상의 모든 것을

겉모습에 따라 판단하려는 경향이 있는데

이는 한결같이 진실을 꿰뚫어 볼 줄 알아야 극복할 수 있다.

질병이라는 겉모습에만 집착해서,
질병이란 겉모습일 뿐이며
사실은 건강하다는 진실을 견지하지 못하게 되면,
마음속으로 병이 들었다는 생각을 하게 돼
실제로 몸에도 병이 들 것이다.

가난이라는 겉모습에만 집착해서,
가난이란 없으며 사실은 풍요뿐이라는
진실을 견지하지 못하면 마음속에도
온통 가난만이 가득하게 될 것이다.

질병이라는 겉모습에 둘러싸여서도
건강을 생각하거나 가난이라는 겉모습에 둘러싸여서도
풍요를 생각하기 위해서는 힘이 있어야 한다.
이 힘을 얻은 사람은 마음을 다스릴 수 있고
운명을 정복할 수 있다.
즉, 원하는 것은 무엇이든 가질 수 있다.

이 힘은 겉모습에 감춰져 있는
근본적인 진실을 이해해야만 얻을 수 있다.
바로 생각하는 하나의 근원물질이 존재하며
모든 것은 이 근원물질로부터 비롯된다는 것이다.

그다음 이 근원물질이 갖고 있는
모든 생각은 구체적인 형상이 되며,
인간은 우리의 생각을 이 근원물질에 작용시켜
눈에 보이는 구체적인 형상으로
만들어낼 수 있다는 사실을 이해해야 한다.
이 사실을 깨닫게 되면
모든 의심과 두려움이 사라진다.
창조하고자 하는 모든 것을 창조해낼 수 있으며,
갖고자 하는 모든 것을 가질 수 있고,
되고자 하는 모든 것이 될 수 있음을 알게 되기 때문이다.
부자가 되기 위한 첫 단계로,
우리는 이 장에서 제시된 세 가지 기본 명제를 믿어야만 한다.
이 세 명제를 강조하는 의미에서 여기에서 다시 반복한다.

다른 모든 것의 근원이 되는,
생각하는 근원물질이 있다.
이것은 그 원초적인 형상으로
우주의 모든 공간을 침투하여 퍼져 있고 채워져 있다.

이 생각하는 근원물질이 생각을 하면
그 생각의 이미지대로 형상이 창조된다.
사람은 형상을 생각할 수 있으며
그가 생각한 형상을 무형의 근원물질에 작용시켜
그가 창조하고자 생각했던 것을 만들어낼 수 있다.

The Science of Getting Rich

이 책에서 말하는 일원론적 우주론 외에

우주에 관한 다른 모든 개념을 버려라.

그리고 이 개념이 우리의 마음속에 확고히 자리 잡아

습관적인 사고의 일부분이 될 때까지

오직 이 개념만을 생각해야 한다.

이 개념들을 반복해서 읽어라.

모든 단어 하나하나를 기억에 새겨라.

그 의미를 완전히 믿게 될 때까지 끊임없이 생각하라.

의심하는 마음이 든다면 그것을 죄라 생각하고 떨쳐버려라.

이 개념과 상충되는 논리에 귀를 기울이지 마라.

반대되는 개념을 설교하거나 가르치는 교회 및 강연에는 가지 마라.

이와 다른 생각을 가르치는 잡지나 책도 읽지 마라.

신념이 혼란에 빠지면 모든 노력이 물거품이 될 것이기 때문이다.

이 개념들이 왜 진실인지 의문을 품지 마라.

어떻게 진실이 될 수 있는지를 따지지도 마라.

그냥 신념을 가지고 믿으라.

부자가 되는 과학적 방법은

이 신념을 절대적으로 수용하는 것에서부터 시작된다.

필사한 날짜

☐☐☐☐년 ☐월 ☐일 ~ ☐☐☐☐년 ☐월 ☐일

삶의 증폭

Increasing Life

가난이 신의 뜻이라거나
인간은 가난해야 신을 섬길 수 있다는 식의
고리타분한 믿음을 모두 버려야만 한다.

지혜로운 근원물질은 의식이 살아 있는 물질이며
모든 것에 다 깃들어 있다.
모든 것의 내부에 살아 있어서
그 자체가 모든 것이기에
우리의 내부에도 깃들어 있다.
근원물질은 의식이 살아 있는 물질이기 때문에
의식이 있는 다른 모든 생명체처럼
충만한 삶을 살고자 하는 본능을 갖고 있다.
모든 생명체는 끊임없이 삶의 확장을 추구해야 한다.
생명이란 산다는 과정을 통해
자신을 확장시키는 것이기 때문이다.

땅에 떨어진 씨는 싹이 트고
성장하는 과정에서 수백 개의 씨를 생산해낸다.
생명은 산다는 과정을 통해 자신을 증식시킨다.
생명이란 끊임없이 더 많은 것이 되는 것이다.
생명이 계속 존재하기 위해서는
그렇게 해야만 하기 때문이다.

생각 역시·끊임없는 증식이 필요하다.

어떤 생각을 하게 되면

그다음 다른 생각으로 넘어가게 되며

의식도 끊임없이 확장된다.

하나를 배우게 되면

그다음 다른 것을 배우게 되며

지식이 끊임없이 확장된다.

한 가지 재능을 계발하게 되면

다른 재능을 배우고 싶은 마음이 든다.

우리는 끊임없이 더 많이 알고 싶고,

더 많이 하고 싶고,

더 많은 것이 되고 싶은 자기표현의 충동,

즉 생명의 충동에 지배되기 때문이다

더 많이 알고, 더 많은 것을 하고,

더 많은 것이 되기 위해서는 더 많이 가져야 한다.

물질을 사용하지 않으면 배울 수도, 할 수도,

뭔가가 될 수도 없기 때문에

물질을 소유하지 않으면 안 되는 것이다.

즉, 부자가 되어야 좀 더 충만하게 살 수 있다.

부를 욕망한다는 것은 간단히 말해

(더 큰 삶을 살 수 있는) 잠재력을 실현하려는 것이다.

욕망이라는 것은 (아직 실현되지 못한)

가능성을 실현하려는 노력이기 때문이다.

자신을 실현하려는 힘이 욕망을 일으킨다.

더 많은 돈을 갖고자 하는 사람의 욕망이나

더 자라고자 하는 식물의 욕망이나 같은 욕망이다.

자신을 좀 더 충만하게 표현하고자 하는

생명 자체가 욕망인 것이다.

The desire for riches is simply the capacity

for larger life seeking fulfillment; every

desire is the effort of an unexpressed

possibility to come into action.

It is power seeking to manifest which causes desire.

살아 있는 근원물질 역시 모든 생명에
고유한 이 법칙에 종속된다.
즉, 더 충만하게 살고자 하는 욕망으로 가득 차 있으며
그렇기 때문에 다른 물질들을 창조해낼 필요가 있는 것이다.

우리 안에 깃들어 있는
근원물질 역시 더 충만한 삶을 갈구한다.
그렇기 때문에 근원물질은
우리가 사용할 수 있는 것은
무엇이든 갖게 되기를 바란다.
부자가 되는 것은 신의 뜻이다.
신은 물질적으로 풍족한 사람을 통해
자신을 더 잘 표현할 수 있기 때문에
우리가 부자가 되기를 바란다.
인간이 삶의 수단을 무한대로 이용할 수 있게 될 때
우리 안에 깃들어 있는 신은
더욱 충만한 삶을 살 수 있는 것이다.

따라서 우주는 우리가 갖고자 하는
모든 것을 갖기를 바란다.
자연도 우리의 목적에 우호적이다.
모든 것이 본래 우리를 위해 존재한다.
이것이 사실임을 명심하라.
그러나 우리의 목적은 다른 모든 것에 깃들어 있는
목적과 조화를 이루지 않으면 안 된다.

단순한 쾌락이나 관능적인 만족이 아닌
진짜 삶을 원해야 하는 것이다.
삶이란 기능의 실행이다.
인간은 자신의 육체적 기능, 정신적 기능,
영적 기능을 어느 하나에 치우침 없이
가능한 한 모두 실행할 때만이
진실로 산다고 할 수 있다.

돼지처럼 동물적인 욕망을 만족시키기 위해

부자가 되기를 원해서는 안 된다.

그것은 삶이 아니다.

그러나 모든 신체적 기능의 작용 역시 삶의 한 부분이다.

따라서 신체의 생리적 충동이 정상적이고

건강하게 표출되는 것을 막는 사람은

삶을 완전하게 사는 것이 아니다.

그저 정신적 쾌락을 위해서,

지식을 위해서, 야망을 만족시키기 위해서,

다른 사람보다 훌륭해지고 유명해지기 위해서

부자가 되려고 해서는 안 된다.

이 모두는 당연히 삶의 일부분이지만

정신적인 즐거움만을 위해 사는 사람의 인생은

반쪽짜리 인생이라서

자신의 운명에 결코 만족하지 못하게 될 것이다.

그저 다른 사람의 안녕을 위해서,

인류를 위해 자신을 희생하기 위해서,

박애와 희생이 주는 즐거움을 위해서

부자가 되려고 해서는 안 된다.

영혼의 즐거움 역시 인생의 한 부분일 뿐이다.

다른 부분에 비해 더 나은 것도 아니고

더 고귀한 것도 아니다.

먹고 마시고 즐기고 싶을 때

먹고 마시고 즐길 수 있기 위해

부자가 되고자 해야 한다.

주변에 아름다운 것들을 두고,

멀리 떨어진 곳에 가보고,

마음을 살찌우고, 지성을 계발하고,

인간을 사랑하고, 친절을 베풀며,

세상이 진실에 눈뜨는 데 한몫하기 위해

부자가 되고자 해야 한다.

극단적인 이타주의는

극단적인 이기주의보다 나을 것도,

고귀할 것도 없다는 사실을 기억하라.

이 둘 다 잘못이다.

우리가 남을 위해 희생하기를 신이 바란다는 생각을 버려라.

그렇게 해야 신의 은총을 얻을 수 있다는 생각도 버려라.

신이 원하는 것은 그런 것이 아니다.

신은 우리가 우리 자신을 최대한 계발하기를 바란다.

이것은 우리 자신을 위하는 길이자 남을 위하는 길이기도 하다.

자신을 최대한 계발하는 것이야말로

남을 가장 많이 도울 수 있는 길이기 때문이다.

자신을 최대한 발전시키는 유일한 방법은

부자가 되는 것이다.

그러므로 부자가 되는 일을 우선시하고

최선으로 여기는 것은 옳으며

칭송받아 마땅한 일이다.

The Science of Getting Rich

그러나 근원물질의 욕망은 모두를 위한 것이기 때문에
모두에게 더 많은 생명을 주는 방향으로
움직인다는 것을 잊지 마라.
근원물질은 모든 것에 깃들어 있는 상태에서
풍요와 생명을 추구하므로
그 어느 것에도 소홀할 수 없는 것이다.

총명이 있는 근원물질은
우리가 필요로 하는 것들을 제공해주지만
다른 사람에게 빼앗은 것을 주는 것이 아니라는 말이다.

즉, 경쟁하려는 생각을 버려야 한다.
우리가 추구해야 할 일은 기존의 것들을 얻기 위해
경쟁하는 것이 아니라
새롭게 창조하는 것이다.

You must get rid of the thought of competition.
You are to create, not to compete for what is already created.

누구에게서 그 어떤 것도 빼앗아서는 안 된다.

인정사정없이 거래해서도 안 된다.

남을 속이거나 이용해서도 안 된다.

우리를 위해 일하는 사람에게
정당한 몫보다 적게 줘서도 안 된다.
다른 사람들이 가진 것을 탐내서도,
눈독을 들여서도 안 된다.
남에게서 빼앗지 않으면
도저히 가질 수 없는 그런 것은
이 세상에 존재하지 않는다.

경쟁자가 아니라 창조자가 되어야 한다.
창조를 통해 우리가 원하는 것을 갖게 되면
다른 모든 사람도 그 때문에 혜택을 보게 된다.
방금 말한 것과 완전히 반대의 방식으로 행동해서
엄청난 돈을 번 사람들이 있다는 것을 나도 알고 있다.
그래서 그에 관해 여기에 덧붙여 설명하고자 한다.

순전히 특출한 경쟁 능력을 발휘해
큰 부자가 된 사람들이
가끔 자기네들도 모르는 사이에
근원물질이 갖는 위대한 목적과 동기에 동화되어
인종과 관계없이
모든 사람을 북돋우는 일을 하는 경우도 있다.

록펠러, 카네기, 모르간 등등

인물들은 자신들도 모르는 사이에

절대자의 대리인이 되어

근대 생산 공업을 조직하고 체계화했으며

결국 이들의 작업은

모든 이의 삶을 증폭시키는 데 큰 기여를 할 것이다.

그러나 이들의 시대는 저물어가고 있다.

이들은 생산을 체계화했으나

조만간 유통을 체계화하게 될 수많은

다른 대리인에게 자리를 내주게 될 것이다.

이들 갑부는 선사시대의 거대한 파충류와 같은 존재들이다.

그들은 진화 과정에서 필수적인 역할을 했으나

그들을 만들어낸 진화의 힘 그 자체에 의해 소멸될 것이다.

그리고 이들은 진정한 부자는 아니었음을 명심할 필요가 있다.

이들 대부분은 사생활 기록을 보면 사실은

가장 비참하고 절망적이었음을 알게 될 것이다.

경쟁을 해서 얻은 부(富)는
만족을 주지도 못하고 영원히 지속되지도 못한다.
오늘은 내 것이지만
내일이면 다른 사람의 것이 된다.

기억하라. 과학적으로 확실히 부자가 되고 싶으면
남들과 경쟁해야 한다는 생각에서 완전히 벗어나야 한다.
한순간이라도 공급이 제한되어 있다고 생각해서는 안 된다.
은행가들을 비롯한 사람들이 모든 돈을 독점하고
통제하고 있다고 생각하는 순간,
그렇게 하지 못하도록 법안을 통과시키는 데
전력을 다해야 하겠다는 따위의 생각을 하는 순간,
당신은 경쟁 심리 속으로 빠져들고 마는 것이다.
그리고 당신의 창조력은 당분간 사라져버리는 것이다.
더욱 나쁜 것은
당신이 이미 북돋아놓았던 창조적 동력들마저
멈춰버리게 될 것이라는 점이다.

Riches secured on the competitive plane are

never satisfactory and permanent; they are

yours today, and another's tomorrow.

지구상에는 아직 햇빛을 보지 못한

천문학적인 액수의 황금이 있다는 사실을 명심하라.

혹시 그러한 금이 없다고 해도

당신의 필요에 따라 생각하는 근원물질로부터

그보다 더 많은 금이 만들어지게 된다는 사실도 명심하라.

필요로 하는 돈은 생긴다는 사실을 명심하라.

그렇게 되려면 내일 (수많은 사람이) 수많은 금광을

새로 찾아내야 한다고 해도 말이다.

눈에 보이는 공급량만 보지는 마라.

무형의 근원물질에 담긴 무한한 부를 늘 보라.

이 부는 받아서 사용하는 즉시 다시 채워진다는 것을 명심하라.

누군가 눈에 보이는 부를 모두 독점한다고 해도

당신이 챙길 몫이 없어지는 일은 일어나지 않는다.

그러므로 서두르지 않으면 좋은

택지는 다른 사람들이 모두 차지해버릴 것이란 생각은

단 한 순간이라도 하지 마라.

대재벌들이 지구를 몽땅 차지해버릴 것이라는

걱정도 하지 마라.

다른 사람보다 한발 늦어서 원하는 것을

얻지 못하게 되지 않을까 두려워할 필요도 없다.

그런 일은 일어날 수가 없다.

당신은 남이 가지고 있는 것을 탐하는 것이 아니라

우리가 원하는 것을 무형의 근원물질로부터

생성해내려는 것이기 때문이다.

공급은 무한하다.

아래 원칙에 충실해라.

다른 모든 것의 근원이 되는
생각하는 근원물질이 있다.
이것은 그 원초적인 형상으로
우주의 모든 공간을 침투하여 퍼져 있고 채워져 있다.

이 생각하는 근원물질이 생각을 하면
그 생각의 이미지대로 형상이 창조된다.
사람은 형상을 생각할 수 있으며
그가 생각한 형상을 무형의 근원물질에 작용시켜
그가 창조하고자 생각했던 것을 만들어낼 수 있다.

부는 어떻게 다가오는가

How Riches Come to You

인정사정없이 거래해서는 안 된다는 말은
거래를 아예 하지 말라는 뜻도 아니고
거래할 필요가 없이 살라는 뜻도 아니다.
다른 사람에게 불공정한 거래를 하지 말라는 뜻이다.
값을 치르지 않았으면 아무것도 가져서는 안 되며
모든 이에게 받은 것 이상으로 주라는 뜻이다.

거래 때마다 당신이 받는 것보다
많은 현금 가치를 거래 상대에게 되돌려줄 수는 없다.
하지만 당신이 받는 것의 현금 가치보다
더 많은 사용 가치를 되돌려줄 수는 있다.
이 책을 만드는 데 사용된 종이, 잉크 및 기타 재료들의
가치의 합이 책 가격보다 낮을지도 모른다.
그러나 책에 담긴 내용 덕분에
수천 달러를 벌어들이게 됐다면
책을 판 사람은 부당한 행위를 한 게 아니다.
약간의 현금을 받고
엄청난 사용가치를 준 셈이기 때문이다.

나에게 아주 유명한 화가의 그림이 한 점 있고,

문명화된 사회에서라면

이 그림은 수천 달러의 가치가 나간다고 치자.

내가 그 그림을 배핀 레이로 가져가서 영업 능력을 발휘해

그곳에 사는 어떤 에스키모에게 500달러어치의 가죽을 받고

그림을 팔았다면 나는 그에게 부당한 짓을 한 것이 된다.

그 에스키모에게 그림은 아무런 가치가 없기 때문이다.

그림은 그에게 아무런 쓸모가 없다.

따라서 그의 삶에 아무런 도움도 되지 않을 것이다.

그러나 내가 만약 그 에스키모에게 똑같은 털가죽을 받고

그림 대신 50달러짜리 총을 줬다면

에스키모 입장에서는 훌륭한 거래를 한 셈이다.

총은 그에게 쓸모가 있다.

총을 이용하면 에스키모는 훨씬 많은 털가죽과

음식을 얻을 수 있기 때문이다.

따라서 총은 모든 면에서

그의 삶에 도움이 되며

그를 부자로 만들 것이다.

경쟁 단계를 벗어나 창조 단계로 들어서게 되면
우리가 하고 있는 비즈니스 거래를
철저하게 조사해봐야 한다.
그래서 우리가 파는 물품 중에 고객에게
그 가격만큼의 기여를 하고 있지 못한
물품이 하나라도 있다면
그 거래를 중단하도록 하자.
경쟁에서 이겨야만 사업을 할 수 있는 게 아니다.
경쟁에서 남을 물리쳐야만 하는 업종에 몸담고 있다면
즉시 그 업종을 떠나라.

모든 거래에서 현금으로 받은 것 이상의 사용가치를 줘라.
그렇게 되면 모든 거래가
세상 사람들의 삶에 기여를 하게 되는 것이다.

직원을 고용해서 쓰고 있는 경우라면,
급료로 나가는 것보다
더 많은 현금가치를 직원들로부터 뽑아내야 한다.
그 대신 발전을 원하는 직원은
매일 조금씩 발전할 수 있도록
'진보의 원칙'이 가득한 업체로 만들어라.

당신이 이 책에서 얻는 것을
당신 직원들은 당신의 업체에서 얻을 수 있게 하라.
수고를 아끼지 않는 직원들이 부를 향해 밟고
오를 수 있는 사다리 같은 업체가 되어라.
기회가 주어졌는데도 마다하는 직원들이 있다면,
그것은 당신의 책임이 아니다.

마지막으로 덧붙이면,

우리 주위에 가득한

무형 물질에서 부를 일궈낼 수 있다고 해서

부가 허공에서 그냥 만들어져

우리 눈앞에 나타난다는 이야기는 아니다.

재봉틀을 예로 들어보자.

지금 당신이 앉아 있는 방이든 어디든,

누가 만들지도 않은 재봉틀이 그냥 뚝 떨어질 때까지

'생각하는 근원물질'에 대고

재봉틀 생각이나 계속하라는 뜻이 아니다.

재봉틀을 원한다면 재봉틀의 이미지를 떠올리고,

그 재봉틀이 만들어지고 있거나

당신을 향해 오는 중이라는 강한 확신을 가져라.

일단 이미지 형성에 성공하면 흔들리지 않는

절대적인 신념을 가지고

그 재봉틀이 당신에게로 오고 있다고 믿어라.

재봉틀은 분명히 도착한다는 확신을 흔들 수 있는

생각이나 말은 절대 하지 마라.

재봉틀을 이미 당신의 것으로 여겨라.

그럼 그 재봉틀이 당신의 것이 될 것이다.

인간의 마음을 지배하는

초월적인 힘에 의해 그렇게 될 것이다.

혹시 당신이 메인에 살고 있다면,

텍사스나 일본에서 온 누군가에 의해 이뤄진

어떤 거래를 통해서라도

결국 당신은 원하던 것을

갖게 될 수도 있는 것이다.

그렇게 된다면 이 모든 것은

당신에게뿐만 아니라

그 누군가에게도 이득이 될 것이다.

생각하는 근원물질은

세상 만물에 깃들어 있어서 서로 교류하며

이 모든 만물에 영향을 미칠 수 있다는

사실을 단 한 순간도 잊지 마라.

좀 더 나은 삶, 좀 더 충만한 삶을 구하는

생각하는 근원물질의 바람이

기존의 재봉틀을 만들어왔던 것이고

수백만 개의 재봉틀을 더 만들 수 있으며

인간이 열망과 신념으로, 특정방법에 따라

이 생각하는 근원물질을 작동시키는 한 그렇게 될 것이다.

당신은 확실히 재봉틀을 가질 수 있다.

당신 자신과 다른 사람들의 삶을 증진시키는 데

사용할 수 있는 다른 물건들도 당신이 원한다면

확실히 가질 수 있다.

주저 말고 더 많이 요구하라.

"아버지께서는 기꺼이 너희에게 왕국을 주신다"라고 예수는 말했다.

You need not hesitate about asking largely;

"It is your Father's pleasure to give you the kingdom." said Jesus.

당신 내부의 근원물질은
당신이라는 형상을 통해
가능한 것은 모두 실현하고 싶어 한다.
그래서 가장 풍족한 삶을 살기 위해 당신이 가질 수 있는 것,
사용하고자 하는 모든 것을 당신이 갖기를 바란다.

부자가 되고자 하는 당신의 갈망은
전능한 존재가 좀 더 완벽하게
자기 자신을 표현하고자 하는
갈망의 하나인 것이다.
이 사실을 명심한다면
당신의 신념을 꺾을 수 있는 것은 아무것도 없다.

언젠가 피아노 앞에 앉아 연주해보려고 애를 썼지만
잘되지 않자 심통이 난 꼬마를 본 적이 있다.
꼬마에게 무엇 때문에 그렇게 골이 나 있느냐고 물었더니
꼬마가 이렇게 대답했다.
"머릿속에서 음악이 맴도는데 손이 그걸 못 따라가요."
꼬마의 머릿속에서 맴돌던 음악이란
바로 근원물질에서 비롯되는 충동으로,
이 충동에는 생명과 관련된 모든 가능성이 다 포함된다.
그 꼬마를 통해 음악적인 모든 것이 표현되려 하고 있었던 것이다.

신,

즉 근원물질은 인간을 통해 살고,

행하고, 즐기고자 한다.

신은 "나는 인간의 손을 빌려 장대한 건축물을 짓고,

천상의 음악을 연주하고, 훌륭한 그림을 그리고자 한다.

나는 인간의 다리로 하여금 내 심부름을 하게 하고,

인간의 눈으로 하여금 내 아름다움을 보게 하고,

인간의 혀로 하여금 위대한 진리를 말하고

매혹적인 노래를 부르게 하고자 하며

또······ "와 같이 말한다.

가능한 모든 것이 인간을 통해 표출되고자 한다.

신은 음악을 연주할 수 있는 자들은 피아노를 비롯한

다른 모든 악기를 갖게 되어

각자의 재능을 극한까지 발전시키기를 바라며,

미적 감각이 탁월한 자들은

주변을 온통 아름다운 것들로 가득 채울 수 있기를 바라며,

진실을 분별할 수 있는 자들은 각지를 다니며

관찰할 기회를 갖기를 바란다.

또한 신은 옷의 아름다움을 음미할 수 있는 자들은

아름다운 옷을 입게 되기를 바라며

좋은 음식을 음미할 수 있는 자들은

일류의 음식을 맛볼 수 있기를 바란다.

신은 왜 이렇게 되기를 원할까?

바로 신 자신이 사람들을 통해 즐기고 음미할 수 있기 때문이다.

다름 아닌 신이 음악을 연주하고 노래를 부르고

아름다움을 감상하고 진실을 찬양하고

좋은 옷을 입고 맛있는 음식을 즐기고자 하는 것이다.

"우리로 하여금 뜻을 세워 행하도록 하는 것은 하나님이다"라고

바울이 말했다.

부자가 되고 싶은 당신의 열망은
신이라는 이 무한 존재가 당신을 통해
자신을 표현하고자 하는 욕망에 다름 아니며
이는 피아노 앞에 앉아 있던
그 작은 소년을 통해
그가 자신을 표현하고자 했던 것과 마찬가지다.

그러므로 큰 부자가 되고자
갈망하는 것에 대해
망설일 필요가 전혀 없다.
당신은 신을 향해
이러한 열망을 집중하여
표현해내기만 하면 된다.

대부분의 사람이 바로 이 점을 난감하게 생각한다.

사람들은 가난과 자기희생이

신을 기쁘게 한다는

낡은 생각을 여전히 갖고 있다.

그들은 가난이 신의 뜻이며

자연의 필수 요소라고 생각한다.

그들은 신이 천지창조를 이미 끝냈으므로

세상에 존재하는 것은 유한하고

이것이 모두에게 골고루 돌아가게 하려면

대부분의 사람은 가난한 상태에 머물러야 한다고 믿는다.

이 잘못된 생각에 너무 사로잡힌 나머지 사람들은

부자가 되고 싶어 하는 욕망을 부끄러운 것으로 여기고

그저 근근이 생활을 유지할 정도 이상으로

많은 것은 바라지 않으려고 노력한다.

이제 어떤 학생의 경우를 떠올려보기로 한다.

나는 그에게 자신이 원하는 것들을

마음속에 분명하게 떠올리고

그것들을 획득하고자 하는 열망을

무형의 근원물질에 강하게 투영하라는 말을 해줬다.

그는 몹시 가난했고 셋집에서 살았으며

그날 벌어 그날 먹고사는 처지였다.

그에게 모든 부가 그의 것이라는 사실은

도무지 현실적으로 와 닿지 않는 말이었다.

그래서 곰곰이 생각한 끝에

그는 그렇다면 너무 과하지 않은 것,

즉 자신이 사는 집에서 가장 좋은 방에

깔 새 카펫과 추운 날씨에 난방용으로 쓸

무연탄 난로를 바라는 것이 좋겠다는 결론을 내렸다.

이 책에서 얘기한 대로 따라 한 그는

몇 달 만에 이것들을 장만하게 됐다.

그러자 이제 애초에

너무 조금 바랐던 것 아닌가 하는 생각이 들었다.

자기가 살고 있는 집을

샅샅이 조사한 그는 필요한 곳들을

모두 수리할 계획을 세웠다.

이곳에는 퇴창(밖으로 내밀어 난 창)을 하나,

저쪽에는 방을 새로 하나 내고…… 하는 식으로

그는 마음속으로 이상적인 집을 지었다.

그 후에는 가구에 대한 계획을 세웠다.

마음속으로 그림을 다 완성한 후에
그는 특정 방식대로 살며
그가 바라는 것들을 얻고자 노력했다.
현재 그는 세를 내던 주택의 소유자가 됐으며
자기가 마음속에 그리던 이미지대로 집을 고치고 있다.

이제 더 확고한 믿음을 갖게 된 그는
더 큰 것들을 얻고자 전진하려 한다.
그의 믿음이 실제로 이뤄졌듯이
당신이나 우리 모두에게도
우리의 믿음대로 이뤄지는 것이다.

필사한 날짜

◻◻◻◻ 년 ◻ 월 ◻ 일 ~ ◻◻◻◻ 년 ◻ 월 ◻ 일

감사하라

Gratitude

07

바로 전 장을 읽은 독자라면
부자가 되는 첫 단계는
자신이 바라는 바를 무형의 근원물질에
전달하는 것임을 알았을 것이다.

이는 사실이며,
독자는 위와 같이 하기 위해서는
무형의 지성과 잘 조화를 이루는 것이
필요함을 알게 될 것이다.

무형의 지성과 조화로운 관계를
유지하는 것은 근본적이고
중요한 문제이므로
여기에서 그에 대해 몇 가지 논하고,
몇 가지 지침을 줄 생각이다.
이 지침을 잘 따른 독자는
신의 뜻과 완벽하게 조화로운
결합을 이룰 수 있게 될 것이다.

마음을 가다듬고 속죄하는 모든 과정은
단 한마디로 요약할 수 있다.
'감사'가 그것이다.

첫째,
하나의 지적인 근원물질이 있으며
이로부터 다른 모든 것이 비롯됨을 믿어라.
둘째,
이 지적인 근원물질이 당신이 원하는 모든 것을 준다는 것을 믿어라.
셋째,
당신 자신을 이 지적인 근원물질과 연결해라.
이는 진심에서 우러나는 감사의 마음을 가져야만 가능하다.

다른 면에서는 삶을 제대로 꾸려가는 수많은 사람이

감사의 마음이 부족하기 때문에

가난에서 헤어나지 못한다.

이런 사람들은 신으로부터 선물을 하나 받고도

감사의 마음을 갖지 못해

신과의 관계를 단절시키고 만다.

우리가 부의 원천에 가깝게 살수록

더 부유하게 될 가능성이 있다는 것을 이해하기는 쉽다.

또한 결코 신에 대해 감사의 마음을

가져본 적이 없는 사람보다는

늘 감사하는 마음을 가지고 있는 사람이

신과 더 가까운 곳에 산다는 것을

이해하는 것 역시 어렵지 않다.

좋은 것들이 생길 때 신에 감사하면 할수록
좋은 것들을 더 많이, 더 빨리 얻게 될 것이다.
감사하는 마음 자세가 축복을 가져다주는 원천과
우리를 더욱 긴밀하게 연결해주기 때문이다.

감사하는 마음을 통해
우리의 온 마음이 우주의 창조 에너지와
밀접한 조화를 이루게 된다는 말이
설사 새삼스럽더라도 곰곰이 생각해보면
그 말이 사실임을 깨닫게 될 것이다.
우리가 가지고 있는 좋은 것들은
특정법칙에 따라 행동한 결과 우리 것이 된 것들이다.
감사하는 마음은 이러한 좋은 것들이
오는 길목으로 당신을 이끌어줄 것이며
창조적인 생각과 조화를 이루게 하여
당신이 경쟁 모드로 빠져들지 않도록 해줄 것이다.

The more gratefully we fix our minds on the Supreme when
good things come to us, the more good things we will receive,
and the more rapidly they will come; and the reason simply is
that the mental attitude of gratitude draws the mind into closer touch
with the source from which the blessings come.

감사하는 마음이 있어야만
우주 만물인 절대자를 바라볼 수 있고,
공급이 제한되어 있다는
그릇된 생각에 빠지지 않을 수 있다.
공급이 제한되어 있다고 생각하게 되면
희망을 품는 것이 거의 불가능해질 수 있다.
이것이 감사의 법칙으로,
바라는 바를 얻고자 하는 사람이라면
절대적으로 이 법칙을 따르지 않으면 안 된다.

감사의 법칙은 작용과 반작용이 힘의 크기는 같으나
방향은 반대라는 자연법칙에 다름 아니다.

(우주 만물인) 신에게 진심 어린 감사의 찬양을 보내는 것은
힘의 방출이자 소비다. (온 우주에 존재하는)
신은 반드시 이 힘을 감지하게 돼 있으며
그에 대한 반작용이 당신을 향해 즉각적으로 일어난다.
"신을 가까이하라. 그리하면 신도 너를 가까이하리라."
이것은 심리학적으로도 그 진실성이 입증된 말이다.

감사하는 마음이 충만하고 지속적이라면

무형의 근원물질로부터의

반응도 충만하고 지속적이 될 것이며

당신이 염원하는 것들 역시 언제나 당신을 향해 움직이게 될 것이다.

예수 역시 항상 감사하는 마음을 지녔음에 주목하라.

예수는 항상 "늘 제 기도에 귀 기울여주심에 대해

아버지께 감사드립니다"라고 말했던 것으로 보인다.

감사하는 마음이 없으면 큰 힘을 낼 수도 없다.

감사하는 마음이야말로

우리를 절대자의 힘에 연결해주는 것이기 때문이다.

그러나 장차 당신에게

더욱 많은 축복을 가져다주는 것이

감사의 유일한 가치인 것은 아니다.

감사하는 마음이 없으면 현재 처한 상황에서

오랫동안 불평불만을 갖지 않고 지내기가 어렵다(즉, 감사는

현재의 상황에 대해 만족하는 마음을 갖게 해준다).

현재 상황과 관련하여

불평불만을 갖기 시작하는 순간

모든 것을 잃기 시작한다.

우리의 의식이 흔한 것, 평범한 것, 가난한 것,

지저분한 것, 야비한 것에

머물고 있다는 뜻이기 때문이다.

즉, 우리의 마음도 이러한 것들을 닮아가며,

결국 이 이미지가 무형의 근원물질에 전달되어

흔한 것, 가난한 것, 지저분한 것,

야비한 것들이 우리를 찾아온다.

열등한 것들에 관심을 두면

우리 스스로 열등해지며

결국 열등한 것들에 둘러싸이게 된다.

한편 최고의 것들에 관심을 두면,

주변이 최고의 것들로 가득 차게 되어

우리 자신도 최고가 된다.

우리 마음속의 창조적인 힘은

우리가 관심을 기울이는 것의 이미지대로

우리의 모습을 만들어낸다.

그런데 인간은 생각하는 존재이며,

생각하는 존재는 자신이 생각하는 것의 형상을

닮게 되는 것이다.

감사하는 마음을 가진 사람은

늘 최상의 것만을 생각하므로

그 자신이 최상의 존재가 되는 경향이 있다.

즉, 최상의 형상과 특질을 본받아

결국 그것을 받아들이게 될 것이다.

On the other hand, to fix your attention on

the best is to surround yourself with the best,

and to become the best.

신념 역시 감사하는 마음에서 비롯된다.

감사하는 마음은 항상 좋은 것들을 기대하며

이러한 기대는 신념이 된다.

감사하는 마음에 대한 반작용으로

신념이 생성되며 감사하는 마음을 밖으로 표현하게 되면

이러한 신념이 증가된다.

감사하는 마음이 없는 사람은

살아 있는 신념을 오래 유지할 수 없다.

살아 있는 신념이 없는 사람은

창조적인 마음을 발휘하여 부자가 될 수 없다.

이에 대해서는 다음 장에서 설명할 것이다.

그러므로 찾아오는 모든 좋은 것에 대해서

감사하는 마음을 갖고 계속적으로

감사를 표시하는 습관을 길러야 한다.

존재하는 모든 것이 우리의 발전에 기여하고 있기 때문에

우리는 존재하는 모든 것에 대해 감사해야 한다.

타락한 정치가나 재벌의 결점이나
잘못된 행동에 대해 생각하고 말하느라
시간을 낭비하지 마라.
그들이 조직한 세상 덕에
기회란 게 있는 것이다.
우리가 가지고 있는 모든 것이
사실 그들 덕분에 존재하는 것이다.

타락한 정치가들에게 화내지 마라.
이들 정치가가 없다면
우리 사회는 무정부 사회가 되었을 것이며
우리에게 돌아올 기회도
현저하게 줄어들 것이기 때문이다.

우리가 산업적 · 정치적으로 현 단계에 이르기까지
신은 오랜 시간 무한한 인내심을 가지고 노력해왔으며
신의 일 처리에는 빈틈이 없다.
타락한 정치가, 재벌, 기업가, 정치인들이
더 이상 쓸모가 없어지는 순간
신이 이들을 모두 없애리라는 점은
추호도 의심할 여지가 없다.
그러나 당분간은 이들 모두가 유익하다는 점을 주시하라.
부가 당신을 찾아오는 길을 조직하는 데
이들 모두가 도움을 주고 있다는 사실을 잊지 마라.
그리고 그들에게 감사하라.
그렇게 하면 당신은 모든 사물에 존재하는
유익한 면과 조화로운 관계를 유지할 수 있게 될 것이고
이 유익한 면 모두가
당신에게 다가오게 될 것이다.

특정 방식으로 생각하라

Thinking in the Certain Way

제6장으로 돌아가서
마음속으로 원하는 집에 대한 이미지를 그렸던
사람의 이야기를 다시 읽어라.
그러면 부자가 되는 첫 단계가 뭔지 분명히 알게 될 것이다.
원하는 것을 먼저 마음속으로
분명하고 또렷하게 그려야만 한다.
그러한 그림도 없이 그 이미지를 전달할 수는 없는 노릇이다.

이미지를 전달하기 위해서는
그 전에 이미 형성된 이미지가 있어야 한다.
그런데 수많은 사람이 자신이 뭘 하고 싶은지,
뭘 갖고 싶은지, 무엇이 되고 싶은지에 대해
모호하고 막연한 이미지만을 가지고 있기 때문에
생각하는 근원물질에
그 이미지를 전달하는 데 실패하고 만다.

뭔가 좋은 일을 하고 싶어서
부자가 되고 싶다는 식의
개략적인 바람으로는 충분하지 않다.
그런 바람은 누구나 갖고 있기 때문이다.

여행을 많이 하고, 구경도 많이 다니고,
오래 살고 싶다는 식의 바람으로도 부족하다.
그런 바람은 누구나 다 하기 때문이다.
친구에게 문자 메시지를 보낸다고 하자.
한글 자모를 그냥 보내서 친구가 알아서
이를 조합해 의미를 추리해내게 하는가?
사전에서 마구잡이로 단어들을 뽑아 보내는가?
그렇지 않다.
조리 있는 문장, 의미가 있는 문장을 보낼 것이다.
원하는 것을 근원물질에 투영하고 싶을 때도
역시 조리 있는 문장으로 해야 하는 것이다.
원하는 것이 무엇인지
구체적으로 알고 있어야 하는 것이다.
희망 사항이 모호하고 불분명해서는
창조적인 힘이 발휘되지 않으며
결코 부자가 될 수도 없다.

위의 예에서 나왔던 사람이
자신이 바라던 집을 구체적으로 그렸듯,
당신의 소망을 자세히 그려보라.
바라는 바를 정확히 파악하고
그것을 갖게 됐을 때
어떤 모습이었으면 좋겠는지를
아주 구체적으로 마음속으로 그려보라.

선원이 목적지인 항구를 가슴에 품듯
소망하는 바의 뚜렷한 이미지를
늘 가슴에 품고 있어야 한다.
언제나 소망을 직시하라.
소망을 직시하지 못하고 놓치는 것은
키잡이가 나침반에서 눈을 떼는 것과 마찬가지다.

That clear mental picture you must have continually in mind,
as the sailor has in mind the port toward which he is sailing the ship;
you must keep your face toward it all the time.
You must no more lose sight of it than
the steersman loses sight of the compass.

그렇다고 집중력을 기르는 훈련을 한다거나
자기 확신이나 기도를 위한 시간을 따로 가질 필요는 없다.
묵상에 빠져들거나 어떤 의식 같은 것을 할 필요도 없다.
현 상태로도 이미 충분히 좋다.
오직 필요한 것은 자신이 바라는 바를 깨닫고
간절히 원하여 마음속에서 잊히는 일이 없도록 하는 것이다.

가능한 한 많은 여가 시간을 투입해서
마음속에 이미지를 그려라.
자신이 정말로 원하는 것에 집중하는 것은
따로 연습이 필요하지 않다.
노력을 해야 집중이 되는 것이 있다면
그것은 당신이 정말로 바라는 것이 아니다.

그러므로 정말로 부자가 되고 싶은 게 아니라면,
부자가 되고자 하는 열망이 너무도 강렬해서
마치 자극이 나침반의 바늘을 끌어들이듯
마음을 온통 빼앗길 정도가 아니라면,
이 책에 쓰인 지침들을 실천하려 하는 것은
별 실속 없는 짓이 될 것이다.
이 책에서 제시하는 방법은
부자가 되고자 하는 열망이 너무도 강렬해
정신적인 게으름, 쉽게 살려는
안이함 따위를 이겨내고
일에 매진하는 사람들을 위한 것이다.

마음속에 그리는 이미지가 뚜렷하고 분명하면 할수록,
좋은 점들을 자세히 묘사하면서
이미지 생각을 더 자주 하면 할수록,
열망도 강해질 것이다.
열망이 강해지면 강해질수록 소망하는 이미지에
집중하기도 더욱 쉬워질 것이다.

그러나 그저 이미지를 분명하게 하는 것 외에
뭔가가 좀 더 필요하다.
단순히 이미지를 보는 것만으로 끝난다면
우리는 몽상가에 불과하며
몽상가에게는 성취에 필요한 원동력이
거의 없거나 전혀 없다.

분명한 이미지 뒤에는 그것을 실현하겠다는,
즉 구체적으로 표현하고야 말겠다는
목적의식이 있어야 한다.
그리고 이러한 목적의식 뒤에는
그것이 이미 내 것이라는 불굴의,
굽힐 줄 모르는 신념이 있어야 한다.
그것이 아주 가까이 있어서
움켜쥐기만 하면 된다는 신념 말이다.

실제로 바라는 새집이 생길 때까지
마음속으로는 이미 새집에서 살고 있다고 생각하라.
마음속으로 원하는 것을 마음껏 즐겨라.

"기도를 통해 구하는 모든 것이 이미 너희의 것임을 믿으라.
그리하면 그것이 진정으로 너희 것이 될 것이다"라고
예수가 말했다.

The Science of Getting Rich

원하는 것이 정말 주위에 항상 있다고 생각하라.

그것들을 실제로 소유하고 사용하고 있다고 믿어라.

원하는 것을 실제로 갖게 됐을 때

사용하는 것과 똑같이 상상 속에서 사용하라.

마음속의 이미지가 뚜렷하고 분명해질 때까지 집중하고

이미지 안에 있는 모든 것의 주인이 된 것처럼 행동하라.

마음속으로 그것들이 정말로 당신 것이라는 확실한 믿음을 가져라.

이러한 태도를 확고히 하고

그것들이 정말로 실재한다는 믿음을

단 한 순간도 버리지 마라.

그리고 전에 감사에 관해
이야기했던 것을 기억하라.
바라던 것이 실재로 생겼을 때
감사할 것 같은 정도로
늘 감사하는 마음을 가져라.

아직 상상으로만 가지고 있는 것들에 대해서도
신에게 진심으로 감사할 줄 아는 사람은
진정한 믿음을 가지고 있는 사람으로서
부자가 될 사람이다.
자신이 바라는 것이 실현되도록
창조의 힘을 촉발시킬 수 있는
사람이기 때문이다.

원하는 것을 얻기 위해
반복적으로 기도를 올릴 필요는 없다.
신에게 그런 일을 매일 말할 필요가 없는 것이다.

"이교도들처럼 헛되이 기도를 반복하지 말라."
예수가 제자들에게 말했다.
"네가 기도드리지 않아도 아버지께서는
네가 무엇을 필요로 하는지 이미 알고 계신다."

우리 삶에 도움이 되는 것들을 소망하는
영특함을 갖는 것이 우리가 할 일이다.
다음 이러한 소망들을 전체적으로 일관되게 잘 엮어라.
이렇게 체계화된 열망을 근원물질에 각인시켜라.
무형의 근원물질은 원하는 것을
실현시켜 줄 능력과 의지가 있다.

말을 되풀이함으로써
각인시키라는 뜻이 아니다.
바라는 바를 달성하려는
목표와 비전을 굳건히 하고,
할 수 있다는 확고한 믿음을 견지함으로써
그렇게 하라. 기도에 대한 응답은
입으로 기도할 때의 믿음에 따라
이뤄지는 것이 아니라 (바람을 실현시키기 위해)
실제 행동할 때의 믿음에 따라 이뤄지는 것이다.

따로 안식일을 갖고
그날만 신에게 원하는 바를 말하고
뒤돌아서면 잊어버린다면 신을 감동시킬 수 없다.
따로 마련된 시간에만 별실에 들어가 기도하고는
다음 기도 시간이 될 때까지 바라는 것을 마음속에서
깡그리 잊어버리는 식으로는
신을 감동시킬 수 없는 것이다.

비전을 명확히 하고
믿음을 강화하는 데에는
소리 내어 기도하는 것도 효과가 있다.
하지만 원하는 것을 실제로 갖게 해주는 것은
말로 하는 기도가 아니다.
부자가 되기 위해서는 그럴듯하게
기도하는 시간을 따로 갖는 게 중요한 게 아니라
생활 자체가 곧 기도가 되도록 하는 게 중요하다.
여기서 말하는 기도란 흔들림 없이 확고한 비전,
그 비전의 창조력을 실현시키겠다는 목적의식,
그리고 내가 지금 실제로 그렇게 하고 있다는
믿음을 갖는 것을 말한다.

"얻게 되리라는 것을 믿어라."

"Believe that ye receive them."

일단 비전이 확고히 형성된 후에는

그 비전의 현실화가 관건이 된다.

비전이 형성된 후에는 그것을 말로 표현하는 게 좋다.

경건한 기도를 통해 신에게 비전을 전달하는 것이다.

그리고 바로 그 순간부터

마음속으로는 이미 기도한 것을 받은 것으로 여겨라.

새 집에서 살고, 좋은 옷을 입고, 자가용을 타고,

여행을 다닌다고 생각하고, 자신 있게 더 큰 여행 계획을 세워라.

바라는 것들을 실제로 갖게 된 듯 생각하고 말하라.

어떤 환경에 얼마만큼의 돈이 있으면 좋겠는지 상상해보고

늘 그 환경과 재정 상태에 도달한 듯 여기며 살아라.

하지만 몽상가나 망상가들이 하듯 해서는 안 된다.

상상이 실현되고 있다고 굳건히 믿고

상상을 실현시키고야 말겠다는 목적의식을 견지하라.

이러한 신념과 목적의식이 있느냐 없느냐에 따라

과학적으로 부자가 되고자 하는 사람과

단순한 몽상가가 구분된다는 것을 명심하라.

이 점을 깨달았으면

이제 의지력을 제대로 사용하는 방법을 배울 차례다.

필사한 날짜

☐☐☐☐ 년 ☐ 월 ☐ 일 ~ ☐☐☐☐ 년 ☐ 월 ☐ 일

의지력 사용법

How to Use the Will

과학적인 방법으로 부자가 되기 위해서는
나의 의지를 나 외에 다른 대상에
강요하려고 해서는 안 된다.
사실 그럴 권리도 없다.

다른 사람들을 내 뜻대로
움직이게 하려는 것은 잘못된 것이다.
정신의 힘으로 누군가를 강요하는 것은
물리력으로 강요하는 것만큼이나 잘못된 것이다.
물리력으로 누군가를 내 뜻대로 하게 만드는 게
그 사람을 노예로 전락시키는 행위라면
정신의 힘으로 그렇게 만드는 것도 하등 다를 바 없다.
차이가 있다면 방법이 다르다는 것뿐이다.
물리적인 힘으로 누군가의 물건을 빼앗는 것이
강도 행위라면 정신의 힘으로 빼앗는 것
역시 강도질이며 원칙적으로
아무런 차이가 없는 것이다.

설사 당사자의 이익을 위하는 경우라고 해도

내 뜻을 그 사람에게 강요할 권리는 없다.

무엇이 그 사람에게 이로운지 알 수가 없기 때문이다.

과학적으로 부자가 되기 위해서는

그 어떤 방식으로든 우리의 힘이나 강제력을

다른 사람에게 강요할 필요가 없다.

그럴 필요가 도대체 없는 것이다.

사실 다른 사람들에게 우리의 뜻을 강요하게 되면

우리 자신의 목표 달성이 오히려 어려워지는 경향이 있다.

원하는 것이 내게 오도록 하기 위해

그 물건에 대해 의지력을 사용할 필요도 없다.

그런 행동은 신에게 강요하는 것과 같아서

불손할 뿐만 아니라 어리석고

무익한 행동이 될 것이다.

신을 강요하여 좋은 것을
얻어내려고 할 필요가 없는 것은
태양을 떠오르게 하려고
강제력을 사용할 필요가 없는 것과 마찬가지다.

우리에게 우호적이지 않은 신을 굴복시키기 위해,
즉 우리 생각대로 되지 않는
완고한 힘들을 우리 뜻대로 움직이기 위해
의지력을 사용할 필요는 없다.

근원물질은 우리에게 우호적이다.
그래서 갖고 싶어 하는
우리의 열망보다 주고 싶어 하는
근원물질의 열망이 더 강하다.

부자가 되기 위해서는
자신의 의지력은 자기 자신에게만 사용하면 된다.

To get rich, you need only to use your will power upon yourself.

무엇을 생각하고 무엇을 할지 안다면,

바로 그렇게 올바른 생각을 하고

올바른 행동을 하는 데에 의지력을 써야 한다.

바로 이것이 원하는 것을 얻기 위해

의지력을 올바르게 사용하는 방법이다.

즉, 의지력이란 잘못된 길로 빠지지 않도록

자신을 채찍질하는 데에 쓰는 것이다.

자기 자신이 특정방법대로 생각하고

행동하도록 만드는 데 의지력을 써라.

당신의 의지나 생각,

마음을 공허한 곳에 써버리지 마라.

다른 물건이나 사람을 대상으로 사용하려고도 하지 마라.

당신의 의지는 당신 자신에게만 사용하라.

그럼 그 어떤 다른 대상에 대하여 사용하는 것보다

더 많은 것을 얻을 수 있다.

마음속에 당신이 바라는 것을 이미지화하라.

믿음과 목표를 갖고 그 비전에 집중하라.

의지력은 당신의 마음이

엉뚱한 곳으로 새지 않도록 하는 데 사용하라.

믿음과 목표가 투철하고 확고하면 할수록

부자가 되는 속도도 빨라질 것이다.

근원물질에 긍정적인 인상만을 주며

부정적인 인상을 줘서

효과를 상쇄시키지 않기 때문이다.

이미지화된 당신의 열망이

신념과 목적의식으로 고양되면,

무형의 근원물질은 이를 취해

멀리 우주의 구석구석까지 전달한다.

이렇게 열망의 기운이 퍼져감에 따라
우주의 모든 것이
열망을 실현하기 위해 작동하기 시작한다.
생명이 있는 것이나 없는 것,
아직 존재하지도 않는 것
모두가 당신이 원하는 것을
실현하기 위해 가동된다.
모든 기운이 같은 목적을 위해
가동되기 시작하며
모든 것이 이것의 실현을 위해 움직인다.
모든 세상 사람도 당신의 열망을 실현시키는 데
필요한 일들을 하도록 영향을 받는다.
그래서 그들은 자기들도 모르는 사이에
당신을 위해 일하게 된다.

하지만 당신이 부정적인 기운을
무형의 근원물질에 미치기 시작하면
이 모든 것에 제동이 걸릴 수 있다.
신념과 믿음이 있을 때는
모든 것이 당신에게 다가오지만
의심하고 불신하면 모든 것이 당신을 떠나기 시작한다.
부자가 되기 위해
정신의 과학을 이용하고자 하는 사람
대부분이 실패하는 이유가
바로 이 사실을 이해하지 못하기 때문이다.

의심하고 두려워하느라 보낸 시간,
걱정하느라 보낸 시간,
당신의 영혼이 불신에 사로잡혀 보낸 시간
모두가 지적인 근원물질이 지배하는 영역으로부터
당신을 멀어지게 한다.
모든 약속은 오직 믿는 자에게만 주어진다.
예수가 얼마나 줄기차게 믿음을 강조했는지 주목하라.
이제 당신은 그 이유를 알 것이다.

믿음이 이토록 중요하기 때문에
당신의 생각이 나쁜 길로 빠지지 않도록 주의하는 게 좋다.
무엇을 보고 무슨 생각을 하느냐에 따라
믿음이 크게 영향을 받기 때문에
우리의 주의가 무엇에 쏠리는지를 통제하는 게 좋다.

바로 이때 의지력이 필요한 것이다.
어떤 것에 관심을 기울일지를 결정하는 것이
바로 의지력이기 때문이다.

부자가 되고 싶다면 가난에 대해서 공부해서는 안 된다.

원하는 것과 반대의 것에 골몰해서는 원하는 것이
내 것이 되지 않는 법이다.
질병에 대해 생각하고 공부해서는 건강을 얻을 수 없다.
범죄에 대해 생각하고 공부해서는 정의가 실현되지 않는다.
가난에 대해 생각하고 공부해서
부자가 된 사람은 여태까지 한 명도 없었다.

질병을 연구하는 과학으로서의 의학은 질병을 만연케 했다.
범죄를 연구하는 학문으로서의 종교도 범죄를 만연케 했다.
그러므로 가난을 연구하는 과학으로서의 경제학은
세상에 궁핍과 비참함을 가져오게 될 것이다.
가난에 대해 이야기하지 마라.
가난을 연구하지도, 상관하지도 마라.
무엇 때문에 가난이 발생하는지에 대해서도 신경 쓰지 마라.
가난은 당신과 아무런 관계가 없다.

The Science of Getting Rich.

중요한 것은 그 해결책이다.

자선 사업이나 자선 운동에 시간을 쓰지 마라.
가난의 비참함을 없애는 것이
자선의 목적이나, 자선이란 오히려
그 비참함을 영속시키는 경향이 있을 뿐이다.

불친절하고 피도 눈물도 없는 사람이 되어
도와달라는 절규에 귀를 막아야 한다는 말이 아니다.
여태까지 사람들이 해왔던 방법으로
가난을 없애려고 시도해서는 안 된다고 말하는 것이다.
가난과 가난에 관련된 모든 것을 뒤로하고
오로지 성공하라. 부자가 돼라.
이것이 가난한 사람들을 도울 수 있는 최상의 방법이다.

Put poverty behind you, and put all that pertains to it behind you,
and "make good." Get rich; that is the best way you can help the poor.

마음속에 가난에 관한 이미지가 가득하면
부자로 만들어줄 부자 이미지가 들어갈 곳이 없게 된다.
셋방에 사는 사람들이 겪는 비참한 상황이나
어린이 노동의 끔찍함 같은 것들을
기술해놓은 책이나 문헌을 읽지 마라.
당신의 마음에 고생과 궁핍 같은
우울한 이미지를 채울 수 있는 것은
그 어떤 것도 읽지 마라.

저런 것들을 알아봐야 가난한 사람들을 돕는 데
하등의 도움도 되지 않는다.
가난에 대한 광범위한 지식을 갖고 있어 봐야
가난을 없애는 데 아무런 도움도 되지 않는다.

가난을 없애는 것은
당신의 마음에 가난에 대한
이미지를 심는 데 있는 것이 아니라
가난한 사람들의 마음에
부에 대한 이미지를 심는 데 있다.

가난에 대한 이미지가 마음속에
들어오지 못하게 하는 것이
곧 가난한 사람들을 비참함 속에
버리는 것은 아니다.
가난은 가난에 대해 생각하는
부자들의 수가 늘어나서
없어지는 것이 아니라
신념을 가지고 부자가 되고자 하는
가난한 사람들의 수가 늘어남에 따라
없어지는 것이다.

가난한 사람들에게 필요한 것은

자선이 아니라 자극이다.

자선은 가난한 사람들이 여전히 비참한 상황에서

연명하는 데 필요한 빵 한 덩어리를 주거나

그저 한두 시간 가난을 잊을

오락거리를 주는 것에 불과하다.

그러나 자극을 주면 그들을 비참함에서 벗어나게 할 수 있다.

가난한 사람들을 돕고 싶다면

당신 자신이 부자가 되는 모습을 보여줌으로써

그들도 부자가 될 수 있다는 사실을 증명해 보여라.

이 세상에서 가난을 추방해버릴 유일한 길은

많은 사람이 이 책의 가르침을 실천하게 하고

그 수가 끊임없이 늘어나도록 하는 것이다.

경쟁이 아닌 창조에 의해
부자가 되도록 사람들을 가르쳐야 한다.
경쟁에 의해 부자가 된 사람들은
자신들이 타고 오른 사다리를 없애서
다른 사람들이 뒤따라 오르지 못하게 만든다.
그러나 창조에 의해 부자가 된 사람들은
다른 수많은 사람이 그들의 뒤를 따를 수 있도록
길을 터주고 격려해준다.

가난에 대한 동정을 거부하고, 가난에 대해 보거나,
읽거나, 생각하거나, 말하거나,
가난에 대한 사람들의 말에
귀 기울이려 하지 않는다고 해서
무정하거나 무자비한 게 아니다.
가난에 관한 주제에는 아예 관심을 꺼라.
신념과 목적의식을 가지고,
원하는 것에 온통 집중하라.
이렇게 하는 데 필요한 것이 바로 의지력이다.

필사한 날짜

☐☐☐☐ 년 ☐ 월 ☐ 일 ~ ☐☐☐☐ 년 ☐ 월 ☐ 일

의지력 사용의 확장

Further Use of Will

부유한 것과는 반대되는 이미지에만 계속 관심을 둔다면

그 이미지가 실재하는 것이든 상상의 것이든 간에

부에 대해 진실하고 분명한 비전을 유지할 수 없다.

과거에 돈 때문에

어려움을 겪은 적이 있다고 해도

그에 관해 이야기하지 마라.

아예 생각도 하지 마라.

당신의 부모가 겪었던 가난과

당신이 어렸을 때 겪었던

어려움에 대해 이야기하지 마라.

이런 것들을 하나라도 이야기하게 되면

그 시간만큼은 당신 자신이 심리적으로

가난한 사람들과 같은 부류가 되어버린다.

그렇게 되면 당신이 바라는 것들이

당신에게로 찾아오는 경로를 막아버리는 꼴이 될 것이다.

"죽은 자가 죽은 자를 묻게 하라"라고 예수가 말했다.

가난과 가난에 관련된 모든 것을 잊어라.

특정 우주론에 동의하고
앞으로 행복의 모든 가능성을
그 우주론에 걸고 있는 사람이라면,
그 우주론과 상충되는 이론에 한눈을 팔아서
득이 될 게 없지 않은가?

세상이 종말을 고할 것이라고 말하는
종교 서적을 읽지 마라.
세상이 지옥으로 떨어질 것이라고 말하는
염세적인 철학자나
유언비어 유포자들의 글도 읽지 마라.

세상은 악마에게 떨어지는 것이 아니라
신의 품으로 가고 있다.

세상은 놀라운 생성의 과정이다.

사실 세상에는 꺼림칙한 것들이 많다.
하지만 이런 것들은 분명 없어지고 있는데
그렇다면 없어질 게 확실한 것들을
연구하는 게 무슨 소용이 있나?
없어지는 데 걸리는 시간만 더디게 할 뿐인데 말이다.
진화론적 발전에 의해 사라지고 있는 것들에 대해
무엇 때문에 시간과 노력을 기울이는가?
각자가 맡은 자리에서 진화론적 발전을 촉진하면,
이런 것들이 빨리 사라지게 할 수 있는데 말이다.

어떤 국가나 계층, 지역의 상황이
아무리 끔찍해 보여도 그런 것들을 생각하는 것 자체가
시간을 낭비하고 기회를 망치는 일이다.

세상이 부유해지는 데 관심을 쏟아야 한다.

세상에서 사라지고 있는
가난에 대해 생각하는 대신에
세상에 나타나고 있는 부에 대해 생각하라.
세상이 부유해지도록 도울 수 있는 유일한 방법은
당신 자신이 창조적인 방법 – 경쟁적인 방법이 아니라 – 으로
부자가 되는 것이다.

부자가 되는 것에 모든 주의를 쏟아라.
가난은 무시하라.

가난한 사람들에 대해 생각하고 말할 때는
부자가 되고 있는 가난한 사람들에 대해 그렇게 하라.
연민의 대상이 아닌 축하의 대상이 될 사람들 말이다.
그럼 그 사람들과 다른 사람들이 자극을 받아
가난에서 벗어날 탈출구를 찾기 시작할 것이다.

모든 시간과 마음을 부에 쏟으라고 해서
추잡하고 야비한 인간이 되라는 말은 아니다.
진실로 부자가 되는 것은 세상에서 가장 귀한 목표다.
그 안에 다른 모든 것이 다 들어 있기 때문이다.

경쟁에 의해서라면 부자가 되기 위한 투쟁은
다른 사람들을 지배하려는 사악한 시도다.
그러나 창조적 방법으로 들어서면 모든 것이 달라진다.

위대해지거나 영적으로 발현하거나 봉사하거나
숭고한 노력을 하는 것 등은 부자가 됨으로써 가능하다.
뭔가를 사용해야 이 모든 것을 할 수 있기 때문이다.

신체적으로 건강하지 못한 사람이 건강해지기 위해서는
먼저 부자가 되어야 함을 알게 될 것이다.
금전적인 근심에서 자유롭고,
걱정이 없는 삶을 살며
위생적인 생활 습관을 유지할 수단이 있는
사람들만이 건강을 획득하고 유지할 수 있기 때문이다.

The Science of Getting Rich

생존을 위한 투쟁의 단계를 넘어선 사람들만이

윤리적·영적으로 고양될 수 있다.

그리고 오직 창조적인 방법을 통해

부자가 된 사람들만이 경쟁이 가져오는

타락적인 영향으로부터 자유롭다.

가정의 행복을 원한다면 사랑은

타락적인 영향에서의 자유, 고양된 생각,

고상함이 있는 곳에서

가장 활짝 꽃피운다는 것을 기억하라.

이는 경쟁과 대항 의식이 없는,

창조적인 방식을 통해 부가 획득된 곳에서만

발견된다는 것도 기억하라.

Moral and spiritual greatness is possible only to

those who are above the competitive battle for existence;

and only those who are becoming rich on the plane of

creative thought are free from the degrading influences of competition.

반복해서 말하지만 부자가 되는 것보다
더 고상하고 위대한 목표는 세상 어디에도 없다.
따라서 당신 마음속의 부자 이미지에 모든 주의를 다 쏟아라.
그 이미지를 흐리거나 왜곡할 수 있는 것은
그 어떤 것도 배제하라.

모든 것의 밑바탕에 감춰져 있는
진실을 보는 법을 배워야 한다.
그릇된 듯 보이는 상황(가난)의 이면에서는
위대한 생명력이 좀 더 충만한 자기표현,
좀 더 완벽한 행복을 추구하며
끊임없이 전진하고 있음을 꿰뚫어 봐야 한다.

가난은 없다. 오직 부가 있을 뿐이다.
바로 이것이 진실이다.

자신들을 위해 준비된 부가 있음을 모르기 때문에
가난에서 헤어나지 못하는 사람들이 있다.
이들을 일깨워주는 가장 좋은 방법은
당신 자신이 스스로 부자가 되어
부에 이르는 길을 그들에게 직접 보여주는 것이다.

가난을 벗어나는 길이 있음을 어렴풋이 알고는 있지만
그 탈출구를 찾아내고 그 길을 따르기 위해
궁리하고 노력할 만큼 정신적으로
깨어 있지 못하기 때문에 가난한 사람들도 있다.
이들에게 당신이 해줄 수 있는 최상의 것은
올바른 방법으로 부자가 되어
행복을 누리는 모습을 보여줌으로써
부자가 되고 싶다는 욕구를
그들의 가슴속에 불러일으키는 것이다.

과학적으로 부자가 되는 방법에 관한 식견이 있으면서도

형이상학적·교조적 이론의 미로에 빠져 방향감각을 잃어서

어느 길을 택해야 할지 모르기 때문에

가난에서 헤어나지 못하는 사람들도 있다.

그들은 이런저런 방식을 다 시도해보지만 결국 실패한다.

이들에게 해줄 수 있는 최상의 것은

당신 자신이 모범이 되어

바로 그 올바른 길을 직접 보여주는 것이다.

백문이 불여일견이다.

즉, 세상을 위해 해줄 수 있는 최상의 것은
바로 당신 자신이 최고로 성공하는 것이다.

부자가 되는 것보다
신과 인간에게 더 효과적으로 봉사하는 방법은 없다.
단 경쟁적인 방법이 아닌 창조적인 방법으로 말이다.

The very best thing you can do for the whole
world is to make the most of yourself.

한 가지 더 이야기하자.

나는 이 책에서 부자가 되는 과학적인 방법을

자세히 설명하고 있다.

내 말이 사실이라면 부자가 되는 방법에 관하여

다른 책은 읽을 필요가 없다.

이 말이 편협하고 독선적으로 들릴지 모르겠지만

그러나 생각해보라.

수학의 계산에서 더하고, 빼고, 곱하고, 나누는 것보다

더 과학적인 방법은 없다.

다른 방법은 가능하지조차 않다.

두 점 간 최단 거리는 오직 하나뿐이다.

과학적으로 생각하는 방법도 오직 하나뿐이다.

바로 최단 거리로 가장 빠르게

목적에 이르는 길을 생각하는 것이다.

이 책보다 더 간결하고 간단하게

부자 시스템을 체계화한 사람은 아직 없다.

불필요한 것은 모두 걸러냈다.

이 책을 읽기 시작했으면 다른 책들은 모두 치워라.

다른 모든 이론은 깡그리 마음속에서 지워라.

이 책을 매일 읽어라.

항상 휴대하라.

기억에 담아라.

다른 방법이나 이론들은 생각도 하지 마라.

한눈을 팔면 의심이 생기고

확신이 없어지며 흔들린다.

그렇게 되면 실패하기 시작하는 것이다.

성공해서 부자가 된 다음에는 얼마든지

다른 방법들을 공부해도 좋다.

그러나 원하는 것을 얻었다는 확신이 들기 전에는

부자가 되는 것에 관해서라면

이 책 외에는 다른 어떤 것

(서문에서 말했던 사람들이 쓴 책은 제외한다)도 읽지 마라.

뉴스도 가장 긍정적인 것,

즉 당신이 가지고 있는

이미지와 잘 조화되는 것만 읽어라.

또한 무슨 비법에 대해 연구하는 것도 뒤로 미뤄라.

사주, 토정비결, 운세, 미신과 같은 주제 근처에는 얼씬도 하지 마라.

돌아가신 조상이 여전히 우리 근처에 머물고 있는지도 모른다.

그러나 설사 그렇다고 해도 상관하지 마라.

당신이 할 일이나 제대로 해라.

죽은 이들의 영혼이 어디에 있건 간에 그들이 풀어야 할 문제,

그들이 해야 할 일은 따로 있다.

끼어들 권리가 우리에게는 없는 것이다.

우리는 그들을 도울 수 없으며 그들이 우리를 도울 수 있는지도,

설사 그들이 우리를 도울 수 있다고 해도

우리가 그들에게 시간을 내달라고 할 권리가 있는지 매우 의심스럽다.

죽어서 저승에 머무는 사람들은 내버려둬라.

당신 자신의 문제나 해결해라.

즉, 부자가 돼라.

미신 따위에 관여하기 시작하면 마음은 역류에 말려들어

희망은 분명히 난파하고 말 것이다.

이제 지금까지 공부해 온 기본 원칙들을 정리해보자.

다른 모든 것의 근원이 되는

생각하는 근원물질이 있다.

이것은 그 원초적인 형상으로

우주의 모든 공간에 침투하여 퍼져 있고 채워져 있다.

이 생각하는 근원물질이 생각을 하면

그 생각의 이미지대로 형상이 창조된다.

사람은 형상을 생각할 수 있으며

그가 생각한 형상을 무형의 근원물질에 작용시켜

그가 창조하고자 생각했던 것을 만들어낼 수 있다.

이렇게 하기 위해서는

경쟁에서 창조로 옮아가야 한다.

마음속에 원하는 것에 관한 분명한 이미지를 갖추고

그 원하는 것을 반드시 획득하겠다는

확고한 목표와 실제로 그렇게 되리라는

흔들림 없는 믿음을 가지고 그 이미지를 고수해야 한다.

목표를 흔들리게 하거나

비전을 흐리거나 믿음을 앗아갈 가능성이 있는 것은

그 어떠한 것에 대해서도 마음을 열어서는 안 된다.

이제 덧붙여,

사람은 특정 방식에 따라 살고 행동해야 함을 알아보자.

필사한 날짜

□□□□ 년 □ 월 □ 일 ~ □□□□ 년 □ 월 □ 일

특정 방식으로 일하라

Acting in the Certain Way

생각은 창조력이다.

즉, 창조력이 발현하도록

강제하는 힘이 바로 생각이다.

특정 방식대로 생각을 하면 부자가 되지만

그렇다고 실천은 등한시한 채 생각만 해서는 안 된다.

이 점에 충분한 주의를 기울이지 못해서

과학적 형이상학 사상가가 됐을 수많은 사람이 난파당한다.

바로 생각을 행동으로 옮기는 데 실패했기 때문이다.

인간은 아직 아무런 일도 하지 않고,

또한 어떠한 자연적인 과정도 거치지 않고

무(형의 근원물질)에서 곧바로

유를 창조해내는 단계(설사 이런 단계가 가능하다고 해도)에는

도달하지 못했다.

그래서 생각도 해야 할 뿐만 아니라

그 생각을 각 개인이 구체적인 행동으로

뒷받침해줘야만 하는 것이다.

생각은 산속 땅 아래 깊숙이 감춰져 있던 금이

당신의 것이 되게 할 수 있다.

그러나 금이 저절로 채굴되고, 정제되고,

20달러 금화가 된 후 길을 따라 먼 거리를 굴러와

당신의 호주머니 속에 들어가는 것은 아니다.

신의 섭리에 의해 세상이란

어떤 이는 당신을 위해 금을 캐내고

또 어떤 이는 그 금을 당신에게

배달하는 일을 하도록 조직돼 있다.

그러므로 당신도 굴러 들어오는

금을 놓치는 일이 없도록 준비돼 있어야 한다.

생각은 모든 만물(생물이든 무생물이든 간에)을 움직여

그 도움을 받아 원하는 것이

우리에게 오도록 할 수 있다.

하지만 우리도 원하는 것이 실제로 왔을 때

그것을 정당하게 받을 수 있는 수준이 돼야 한다.

즉, 누군가의 적선으로 받아서도 안 되고,

훔쳐서도 안 된다.

다시 말하면 받은 것의 현금 가치보다

더 큰 사용 가치를 항상 되돌려줘야 한다.

생각을 과학적으로 사용한다는 것은

다음 세 가지로 구성된다.

원하는 것을 분명하고 뚜렷하게 이미지화하는 것,

원하는 것을 얻겠다는 굳은 목적의식을 잃지 않는 것,

원하는 것은 반드시 내 것이 됨을 (감사하는 마음과 신념을 가지고)

깨닫는 것이다.

생각 자체가 모든 것을 이루게 해줄 거라는 식으로

신비주의나 미신적인 생각을 갖지 마라.

이는 노력의 낭비며

건전한 사고력을 약화시킬 것이다.

부자가 되는 데 있어서

생각이 어떤 작용을 하는가는

앞 장에서 충분히 설명했다.

즉, 우리가 품는 비전은 신념과 목적의식을 통해

무형의 근원물질에 긍정적으로 각인된다.

무형의 근원물질은 삶을

좀 더 충만하게 실현하고자 하는 욕구를

우리처럼 가지고 있으므로, 우리의 비전이 전달되면

창조력이 발현되는 정규 경로를 통해

모든 창조의 힘을 가동하는데,

그 방향은 우리를 향하게 된다.

이 창조의 과정을 이끌거나 관리하는 것은

우리가 할 일이 아니다.

우리가 할 일은 비전과 목적,

신념을 유지하며 늘 감사하는 마음을 갖는 일이다.

그러나 우리는 특정 방식에 따라 행동해야 한다.

그래야 바라던 것이 실제로 나타났을 때 획득할 수 있고,

마음속으로 바라던 것이 실제로 나타나게 할 수 있으며,

그것이 실제로 나타났을 때 제자리를 찾아가게 할 수 있다.

The Science of Getting Rich

당신은 이 말에 담긴 참뜻을 알 수 있을 것이다.

바라던 것이 나타났을 때,

그것은 보통 다른 사람의 소유이며

그 사람은 그에 상응하는 대가를 요구할 것이다.

즉, 당신의 것을 얻기 위해서는

그 사람에게 그의 것을 대가로 줘야 한다.

전혀 노력도 하지 않는데

지갑이 요술 항아리처럼

항상 돈으로 가득 차 있을 수는 없다.

'부를 과학적으로 획득하는 방법'에서

이것은 아주 중요하다.

즉, 생각과 행동이 바로 현재,

이 자리에서 결합되어야 한다.

의식적으로든 무의식적으로든

자신의 욕망의 끈기와 힘으로

창조력을 가동시키지만

가난에서 벗어나지 못하는 사람들이 무척 많다.

바라던 것이 나타났을 때

받아들일 준비를 갖추지 못하고 있기 때문에 그렇다.

바라던 것이 나타나게 하는 것은 생각이다.

그러나 그것을 획득하게 하는 것은 행동이다.

분명한 것은 당신이 취할 행동이 어떤 것이든,

지금 당장 해야 한다는 것이다.

과거로 되돌아가 행동을 취할 수는 없다.

그러므로 머릿속에서 과거는 잊어버려라.

이것은 비전을 분명하게 하는 데 필수적이다.

미래에서 행동을 취할 수도 없다.

미래는 아직 실현되지 않은 것이기 때문이다.

그러므로 어떤 긴급한 일이 일어났을 때 당

신이 어떤 식으로 행동을 하게 될지는

그 일이 실제 일어나기 전까지는 알 수 없다.

By thought, the thing you want is brought to you;

by action you receive it.

Whatever your action is to be,

it is evident that you must act NOW.

현재의 일이 당신과 맞지 않는다고 해서,

또 환경이 맞지 않는다고 해서,

맞는 일과 맞는 환경이 될 때까지

행동을 연기해야 하지 않느냐고 생각하지 마라.

앞으로 닥칠지도 모를 긴급 사태에 대비한

최선의 방책 따위를 생각하느라

현재를 허비하지 마라.

긴급 사태가 발생했을 때

당신에게는 그에 대처하는 능력이 있다는 것을 믿어라.

마음은 미래에 가 있으면서 행동만 현재에 한다면,

분산되어 산만한 마음 상태로 행동이 취해지므로

효과를 보기 어려울 것이다.

현재의 행동에 전심전력을 다하라

Put your whole mind into present action.

The Science of Getting Rich

근원물질에 창조적인 충동을 투영했더라도
그저 주저앉아 결과를 기다리면 안 된다.
그래서는 결코 원하는 것을 얻지 못할 것이다.
바로 지금 행동하라.

현재 외에 다른 시간은 없으며
현재 외에 다른 시간이 생기는 일도 결코 없을 것이다.
원하는 것을 맞이할 준비를 할 거라면
바로 당장 시작하라.

행동은, 그게 무엇이든, 바로 현재의 업무, 환경에서,

현재의 환경과 관련된 사람들과 일에 대해 이뤄져야 한다.

현재 있는 곳 외의 다른 곳에서 행동할 수는 없다.

즉, 과거에서 행동을 할 수 없고, 미래에서 행동을 할 수도 없다.

행동이란 바로 당신이 머무르는 현재의 이 장소에서만 가능하다.

어제 일이 잘됐는지 잘못됐는지 고민하지 마라.

현재의 일이나 제대로 하라.

내일 할 일을 지금 하려고 하지 마라.

실제 닥치면 그 일을 할 시간은 충분하다.

통제할 수 없는 사람이나 사물에 대해

황당하고 미신적인 방법으로 영향을 미치려고 하지 마라.

환경이 바뀐 다음에 행동하려고 기다리지 마라.

행동으로 환경을 바꿔라.

현재의 환경에 대해 행동을 취하는 것이
더 나은 환경으로 옮아가는 원인이 될 수도 있다.

더 나은 환경 속에 있는 자신의 모습을
신념과 목적의식을 가지고 견지하라.
그러나 행동은 현재의 환경에서 취하라.
그리고 전심전력을 다하라.
공상이나 망상에 빠져 한순간이라도
헛되이 보내지 마라.
원하는 단 하나의 비전에 집중하라.
그리고 지금 당장 행동하라.

부자가 되기 위한 첫걸음으로, 뭔가 새롭거나,

색다르거나, 특이하거나, 걸출한 것을 하려고 궁리하지 마라.

아마 당분간은 당신의 행동이 여태까지 해왔던 것들의

되풀이에 지나지 않을 것이다.

그러나 바로 지금 그런 행동들을

일정한 방식에 따라 하기 시작해야 한다.

그럼 틀림없이 부자가 될 것이다.

지금 하는 일이 당신에게

맞는 일이 아니란 느낌이 든다고 하자.

그렇다고 맞는 일이 생길 때까지 기다렸다가

행동하려고 하지 마라.

부적합한 환경에 처해 있다고 해서

주저앉아 슬퍼하거나 용기를 잃지 마라.

다시는 올바른 환경을 찾을 수 없을 만큼

철저히 잘못된 환경에 처한 사람은 아무도 없다.

다시는 올바른 일을 찾을 수 없을 만큼

철저히 잘못된 일에 깊이 빠져버린 사람 역시 아무도 없다.

적합한 일을 찾은 자신의 이미지를 견지하라.

그러한 일을 찾겠다는 목적의식,

그 일을 찾게 될 것이며 찾아가고 있다는 신념을 가져라.

하지만 현재 하는 일에서 당장 행동하라.

현재 하는 일을 더 나은 일을 찾는 발판으로,

현재의 환경을 더 나은 환경을 얻는 발판으로 만들어라.

신념과 목적의식을 가지고 적합한 일에 대한

비전을 견지하면 신의 섭리에 의해

그 일이 당신을 찾아올 것이고,

행동을 특정 방식에 따라 하게 되면

당신이 그 일을 향해 가게 될 것이다.

Use your present business as the means of getting a better one,

and use your present environment as the means of getting into

a better one. Your vision of the right business, if held with faith and

purpose, will cause the Supreme to move the right business toward you;

and your action, if performed in the Certain Way,

will cause you to move toward the business.

월급을 받는 직장인인데, 원하는 것을 얻으려면
직장을 바꿔야할 것 같은 느낌이 드는가?
공허한 망상만으로 그렇게 될 것으로 생각하지 마라.
망상은 분명히 실패로 끝나게 된다.

바라던 일을 하는 자신의 모습에 대한 비전을 가져라.
신념과 목적의식을 갖되 행동은 현재의 직업에서 시작하라.
그러면 반드시 바라는 것을 얻게 될 것이다.

비전과 신념은 창조력을 움직여 바라는 것을 얻게 해준다.
행동은 환경에 연관되어 있는
힘들을 움직여 바라는 곳으로 갈 수 있게 해준다.

이 장을 마치면서 교훈 하나를
우리 목록에 추가하기로 하자.

다른 모든 것의 근원이 되는
생각하는 근원물질이 있다.
이것은 그 원초적인 형상으로
우주의 모든 공간에 침투하여 퍼져 있고 채워져 있다.

이 생각하는 근원물질이 생각을 하면
그 생각의 이미지대로 형상이 창조된다.
사람은 형상을 생각할 수 있으며
그가 생각한 형상을 무형의 근원물질에 작용시켜
그가 창조하고자 생각했던 것을 만들어낼 수 있다.

이렇게 하기 위해서는

경쟁에서 창조로 옮아가야 한다.

마음속에 원하는 것에 관한

분명한 이미지를 갖추고

그 원하는 것을 반드시 획득하겠다는

확고한 목표와 실제로 그렇게 되리라는

흔들림 없는 믿음을 가지고

그 이미지를 고수해야 한다.

목표를 흔들리게 하거나 비전을 흐리거나

믿음을 앗아갈 가능성이 있는 것은

그 어떠한 것에 대해서도 마음을 열어서는 안 된다.

원하던 것이 막상 찾아왔을 때 놓치지 않기 위해서는

현재 환경에 속한 사람들과 사물들에 대해서부터

바로 지금 행동해야 한다.

The Science of Getting Rich

필사한 날짜

　　　　　년　　월　　일 ~ 　　　　　년　　월　　일

효율적으로 일하라

Efficient Action

생각은 앞에서 말한 대로 사용하라.

현재 있는 곳에서 당장 할 수 있는 것부터 시작하라.

현재 있는 곳에서 할 수 있는 모든 것을 다 하라.

사람은 자신의 자리보다 커야만 발전할 수 있다.

즉, 자신이 해야 할 일 중 하나라도 완수하지 못하는 사람이라면

그 자리보다 크지 못한 것이다.

세상은 자신의 자리를 채우고도 남는 사람들에 의해서만 진보된다.

You can advance only by being larger than your present place;

and no man is larger than his present place who leaves undone any of

the work pertaining to that place.

The world is advanced only by those who

more than fill their present places.

자신의 자리를 채우는 사람이

세상에 하나도 없다면

다른 모든 것도

퇴보하지 않을 수 없다는 것은 분명하다.

자신의 자리에 충실하지 못하는 사람들은

사회와 정부, 교역, 산업에 짐만 될 뿐이다.

다른 사람들이 엄청난 비용을 들여

이들을 끌고 가야 하기 때문이다.

바로 자신의 자리도 채우지 못하는 사람들 때문에

세상이 정체되는 것이다.

이들은 낡은 시대,

저급한 삶의 단계에 속하며 퇴보하는 경향을 보인다.

모든 사람이 자신의 자리보다 작은 사회가 있다면

그런 사회는 결코 발전할 수 없다.

사회 진화란 신체적 · 정신적 진화의 법칙에 따라

지배되기 때문이다.

동물 세계에서 진화란 넘쳐나는

생명력에 의해 초래된다.

어떤 생명체가 현 단계에서
표현할 수 있는 것보다
더 충만한 생명력을 가지고 있다면
그 생명체는 더 높은 단계의 기관을 발달시키며
그렇게 해서 새로운 종이 시작된다.

자신의 자리를 넘치게 하는 생명체들이 없었다면
새로운 종은 결코 출현하지 않았을 것이다.
이 자연법칙은 우리 인간에게도 똑같이 적용된다.
즉, 부자가 되는 것은
이 법칙을 여러분 각자의 경우에
적용하느냐 하지 않느냐에 달려 있다.

우리가 사는 하루하루는
성공한 날이거나 실패한 날이거나 둘 중의 하나다.
성공한 날에만 원하는 것을 획득하게 되므로
하루하루가 실패의 연속이라면
결코 부자가 될 수 없다.
반대로 하루하루가 성공의 연속이라면
부자가 되지 않을 수 없다.

오늘 해야 할 일이 있는데 하지 않았다면
적어도 그 일에 대해서는 실패한 것이다.
그리고 그 결과는 상상하는 것보다
훨씬 참혹할 수 있다.

아무리 사소한 행동이라도

어떠한 결과를 불러올지는 아무도 예측할 수 없다.

마찬가지로 당신을 위해 작동하도록

설정된 모든 힘이

어떻게 작동하는지도 알지 못한다.

당신의 소박한 행동들이

엄청난 영향을 미치고 있는지도 모른다.

소박한 행동이 어마어마한 가능성의 문을 여는

바로 그 열쇠인지도 모른다.

신이 당신을 위해

이 세상(그것이 무생물의 세상이든 사람의 세상이든)에

얼마나 많은 조합(패)의 수를 준비해놓고 있는지는

결코 알 수 없다.

그러므로 사소한 것들을 무시하거나

이행하지 않는 것 때문에

원하는 것을 얻는 데

오랜 시간이 걸리는지도 모른다.

그날 할 수 있는 것은 모두 그날 하라.
하지만 위에서 말한 것에도 염두에 둬야 할 한계,
즉 제약이 있다.

가능한 한 짧은 시간에 가능한 한 많은 일을 하려는 욕심에
과로하거나 무작정 일에 덤벼들어서는 안 된다.

내일 해야 할 일을 오늘 하려고 하거나
일주일에 걸쳐 해야 할 일을 하루에 하려고 하지 마라.

중요한 것은 얼마나 많은 일을 하느냐가 아니라
각각의 행동을 얼마나 효율적으로 하느냐다.

You are not to try to do tomorrow's work today,
nor to do a week's work in a day.

It is really not the number of things you do,
but the EFFICIENCY of each separate action that counts.

모든 행동은 그 자체로 이미 성공이거나 실패,
둘 중 하나다.

모든 행동은 그 자체로 이미 효과적이거나
비효율적이거나 둘 중 하나다.

효율적이지 못한 행동은 전부 실패한 행동이다.
비효율적인 행동을 하며 인생을 보낸다면
당신의 인생 자체가 실패한 인생이 될 것이다.
행동이 효율적이지 못한 상태라면
많은 일을 하면 할수록 그만큼 더 좋지 않다.

한편 효율적인 행동은
전부 성공적인 행동이다.
그래서 살아가면서 하는 행동 각각이
모두 효율적이라면 인생 자체가 틀림없이
성공적인 인생이 되는 것이다.

비효율적인 방법으로 수행되는 일들은
너무나 많은 반면 효율적으로 수행되는 일들은
너무나 적기 때문에 실패하는 것이다.
비효율적인 행동은 전혀 하지 않으면서
효율적인 행동은 충분히 많이 하면
부자가 되리라는 것은
아주 자명한 이치임을 알 것이다.
그러므로 만약 지금 당장 모든 행동을
효율적으로 할 수 있다면
부를 얻는 것은 수학처럼
엄밀한 과학이 됨을 역시 이해할 수 있을 것이다.
그러므로 결국 행동 하나하나를
성공적인 것이 되도록
할 수 있느냐 없느냐가 관건이 된다.
그런데 누구나 그렇게 할 수 있다.

누구나 행동 하나하나가

성공적인 것이 되도록 할 수 있다.

모든 힘이 항상 우리와 함께하기 때문인데

모든 힘이란 실패할 수 없는 힘이기 때문이다.

이 힘은 당신의 부름에

즉각적으로 응답할 준비가 돼 있다.

따라서 모든 행동을 효율적으로 하려면

이 힘을 각각의 행동에 사용하기만 하면 된다.

모든 행동은 강하거나 약하거나 둘 중 하나다.

모든 행동이 강할 때 당신은

당신을 부자로 만들어줄 특정 방식대로 행동하고 있는 것이다.

행동하는 동안에 비전을 굳건히 하고

목표와 신념을 가지고 그 행동에 전력투구한다면

모든 행동이 강하고 효율적으로 된다.

행동하면서 머리를 쓰지 않는 사람들이 실패하는 게

바로 이 시점에서다.

이런 사람들은 머리를 쓰는 때와 장소가 다르고

몸으로 행동하는 때와 장소가 다르다.

그래서 이들의 행동은 그 자체로 성공적이지 못하다.

이런 행동은 대부분 비효율적이다.

그러나 모든 행동에 모든 힘을 사용한다면

그것이 아무리 흔한 행동이라고 해도

그 자체로 성공이 될 것이다.

그리고 사물의 특성상 한 성공은 다른 성공으로 가는

징검다리가 되므로 당신과 당신이 원하는 것이

서로 다가서는 속도가 점점 더 빨라질 것이다.

성공적인 행동은

결과적으로 누적적이라는 사실을 잊지 마라.

즉, 모든 사물이 좀 더 충만한 삶에 대한 욕구를 타고나므로

누군가가 더 큰 삶을 향해 움직이기 시작하면

그에게 달라붙는 것들이 더 많아지면서

욕망의 영향력도 배가 된다.

그날 할 수 있는 것은 모두 그날 하고

매번 효율적인 방식으로 하라.

아무리 사소하고 보잘것없는 일을 하더라도

반드시 비전을 가지라는 말은

비전의 아주 세부적인 것들까지

늘 분명하게 하고 있어야 한다는 뜻은 아니다.

상상력을 동원하여 비전을 세부적으로 그려보고

그 비전을 곱씹어 마음속에 확실히 자리 잡게 하는 일은

여가시간에 해보는 일이다.

만약 신속한 결과를 원한다면

거의 모든 여가시간을 비전을 그리는 일에 사용하라.

끊임없이 이미지 훈련을 하면

자신이 원하는 것의 이미지가 형성되고

매우 세밀한 부분까지, 마음속에 아주 확고히 각인되며

무형의 근원물질의 마음에까지 완벽하게 전달된다.

그러면 일하는 시간에 마음속으로

단지 그 이미지를 떠올리기만 해도

신념과 목적의식이 자극을 받아 엄청난 힘이 솟게 된다.

여가시간에는 이미지 훈련을 계속하라.

이미지가 의식을 가득 채워 언제라도

그 이미지를 끌어낼 수 있게 될 때까지 그렇게 하라.

이미지가 주는 밝은 약속에 크게 고무된

당신은 이제 이미지를 떠올리기만 해도

당신이 가진 가장 강력한 에너지를

뿜어낼 수 있게 될 것이다.

You will become so enthused with its bright

promises that the mere thought of it will call

forth the strongest energies of your whole being.

성공의 원칙들을 한 번 더 정리해보자.

마지막 원칙을 조금만 바꾸면

우리가 이 장에서 도달한 결론에 이르게 된다.

다른 모든 것의 근원이 되는 생각하는 근원물질이 있다.

이것은 그 원초적인 형상으로

우주의 모든 공간에 침투하여 퍼져 있고 채워져 있다.

이 생각하는 근원물질이 생각을 하면

그 생각의 이미지대로 형상이 창조된다.

사람은 형상을 생각할 수 있으며

그가 생각한 형상을 무형의 근원물질에 작용시켜

그가 창조하고자 생각했던 것을 만들어낼 수 있다.

이렇게 하기 위해서는 경쟁에서 창조로 옮아가야 한다.

마음속에 원하는 것에 관한 분명한 이미지를 형성하고,

신념과 목적의식을 가지고,

매일 할 수 있는 것들은 다 하되,

모두 효율적인 방법으로 하라.

The Science of Getting Rich

필사한 날짜

☐☐☐☐ 년 ☐☐ 월 ☐☐ 일 ~ ☐☐☐☐ 년 ☐☐ 월 ☐☐ 일

진실로 원하는 일을 하라

Getting Into the Right Business

어떤 분야에서든 성공하려면
일단은 그 분야에서 필요한 재능을 습득해
최상의 상태로 갈고닦아둬야 한다.

뛰어난 음악적 재능이 없는 사람은
음악 교사로 성공할 수 없다.
훌륭한 기계적 재능이 없는 사람은
기계 관련 분야에서 크게 성공할 수 없다.
상업적 재능과 재주가 없이는
누구도 상거래 분야에서 성공할 수 없다.
그러나 어떤 특정 직업 분야에서 필요로 하는 재능을
아주 잘 갈고닦아 간직하고 있다 해도
부의 획득이 보장되는 것은 아니다.
탁월한 재능을 가졌으나
여전히 가난에서 벗어나지 못하는 음악가들이 있다.
뛰어난 기계적 재능은 가졌으나
부자가 되지는 못했던 대장장이, 목수 등도 많다.
사람들을 다루는 데 훌륭한 재능이 있음에도
실패한 상인들도 있다.

각각의 재능은 도구다.

훌륭한 도구를 구비하는 것은 필수적이지만

그 도구를 올바른 방식으로

사용하는 것 역시 필수적이다.

어떤 사람은 예리한 톱,

직각자, 양질의 대패 등을 가지고

근사한 가구를 만들 수 있다.

그러나 똑같은 도구들을 가지고도

똑같은 가구를 만들라고 해도

어떤 사람은 형편없는 작품을 내놓는다.

연장을 제대로 사용할 줄을 모르는 것이다.

우리가 가진 다양한 재능은

부자가 되기 위해 일을 할 때 쓸 도구다.

도구를 잘 갖추고 있는 분야에서 일을 한다면

성공하기가 더 쉬울 것이다.

일반적으로 자신이 갖고 있는
가장 뛰어난 능력을 사용하는 분야,
즉 천성적으로 가장 강점이 있는
분야에서 최상의 성과를 올릴 수 있다.
하지만 이 말에도 한계는 있다.
즉, 천직이란 타고난 재능에 의해서 정해지는 것이며
고정불변이라 믿어서는 안 된다.

어느 분야에서나 부자가 될 수 있다.
적합한 재능이 없다면 계발하면 되기 때문이다.
즉, 타고난 재능의 테두리 안에
자신을 한정하기보다는 살아가면서
재능을 계발해야 한다는 뜻이다.
이미 잘 발달된 재능을 갖고 있다면
그 재능이 적합한 분야에서
성공하는 것이 좀 더 쉬울 것이다.
하지만 당신은 어느 직업에서나 성공할 수 있는데
초보적인 재능은 어느 분야에서나
계발할 수 있기 때문이다.
인간은 어느 분야에서건
가장 초보적인 재능은 가지고 있다.

노력의 측면에서 보면 가장 재능이 있는 분야에서
일을 할 때 가장 쉽게 부자가 될 수 있을 것이다.
그러나 만족도의 측면에서 보면
가장 하고 싶은 일을 해서
부자가 될 때가 가장 만족스럽다.

하고 싶은 일을 하며 사는 게 인생이다.
하기 싫은 일을 영원히 해야 하고,
하고 싶은 일은 결코 할 수 없는
인생에는 진정한 만족이 있을 수 없다.
그런데 하고 싶은 일이라면
결국 할 수 있다는 것은 틀림없는 사실이다.
하고자 하는 욕망을 가졌다는 것 자체가
그것을 할 능력이 있다는
증거이기 때문이다.

욕망이란 능력의 표현이다.

음악을 연주하고 싶은 욕망이
바로 음악을 연주할 수 있게 하는 힘이다.
이 힘은 표현하고 발전하고 싶어 한다.
기계 장치를 발명하고자 하는 욕망이
바로 기계적 재능으로 이 재능 역시 표현하고
발전하고 싶어 한다.

발전된 상태든 미숙한 상태든
어떤 일을 할 수 있는 재능이 전혀 없다면
그 일을 하고자 하는 욕망도 전혀 생기지 않는다.
어떤 일을 하려는 강렬한 욕망이 있다면
그것은 그 일을 할 강력한 재능이 있다는
확실한 증거로, 이제 필요한 것은
그 재능을 계발하고 올바른 방법으로 사용하는 것이다.

다른 모든 조건이 동일하다면,
자신이 가장 뛰어난 재능을 보이는
분야의 일을 고르는 것이 최선이다.
그러나 어떤 특정한 일에
종사하고 싶은 강렬한 욕망이 있다면
그 일을 당신의 궁극적 목표로 삼아라.

당신은 하고 싶은 것을 할 수 있다.
그러므로 가장 적성에 맞고
즐거운 일에 종사하는 것은
당신의 권리이자 특권이다.

당신은 하고 싶지 않은 일을 할 의무가 없으며,
하고 싶은 일을 얻기 위한
징검다리로써가 아니라면 해서도 안 된다.

You can do what you want to do, and it is
your right and privilege to follow the business
or avocation which will be most congenial and pleasant.

The Science of Getting Rich

과거의 실수로 바라지 않는
업종이나 환경에 처하게 됐다면
당분간은 싫더라도 그 일을 계속해야 할 수도 있다.
그러나 그 싫은 일을 하는 것이
원하는 일을 얻기 위한 과정이라는 것을 깨닫는다면
싫은 일도 유쾌한 일이 될 수 있다.

당신과 맞지 않는 일에 종사하고 있다는 느낌이 든다 해도
너무 성급하게 다른 일을 찾지 마라.
일반적으로 일이나 환경은 성장을 통해
바꾸는 게 가장 좋다.

기회가 온다면, 그리고 심사숙고한 끝에
그 기회가 올바른 기회라는 느낌이 든다면
갑작스럽고 급격한 변화를 두려워하지 마라.
그러나 변화를 시도하는 게 잘하는 것인지
의구심이 든다면 결코 성급한 행동을 하지 마라.
창조 단계에서는 서두를 필요가 전혀 없다.
기회가 부족해지는 경우는 없기 때문이다.

경쟁에서 벗어나면,

성급하게 행동할 필요가

전혀 없다는 것을 이해하게 될 것이다.

당신이 원하는 것을 두고

당신과 경쟁을 벌일 사람은 아무도 없다.

모두에게 다 돌아갈 만큼 충분히 많기 때문이다.

어떤 분야를 남이 먼저 차지한다 해도

조금 더 있으면 더 나은 분야가

당신의 차례로 돌아올 것이다.

시간은 충분하다.

의구심이 들면 기다려라.

이미지 훈련으로 돌아가라.

신념과 목적의식을 더욱 확고히 하라.

의심이 들고 결단을 내릴 수 없는 시기에는

감사하는 마음을 길러라.

바라는 것의 이미지를 생각하고,

그에 대해 진심으로 감사하며 하루나 이틀을 보내라.

그러면 신의 마음과 당신의 마음이

밀접하게 연관되어 행동을 하는 데 있어

실수가 없을 것이다.

존재하는 모든 것에 대해 알고 있는 정신이 있다.
깊은 감사의 마음을 갖고,
삶에서 진보하려는 신념과 목적을 가지면
이 정신과 하나가 될 수 있다.

실수는 성급하게 행동하거나
의심과 두려움을 품고 행동하거나
올바른 동기를 잊고 행동하는 데서 생긴다
(올바른 동기란 모두에게 더 많은 삶을 주자는 것이다).

특정 방식대로 계속해나가는 사람에게는
점점 더 많은 기회가 찾아올 것이다.
이런 사람은 신념과 목적의식을
확고히 견지하고 진심 어린 감사를 통해
신의 마음과 하나 됨을 계속 유지할 필요가 있다.

할 수 있는 모든 것을 매일매일 완벽하게 하라.

그러나 서두르거나 걱정하거나 두려워하지 말고 하라.

가능한 한 빨리하라.

그러나 결코 서두르지 마라.

서두르는 순간, 창조자가 아니라

경쟁자가 되고 만다는 것을 잊지 마라.

낡은 방식으로 후퇴하게 되는 것이다.

자신이 서두르고 있다는 것을 깨달을 때마다 멈춰라.

마음속에 있는 원하는 것의 이미지에 주의를 집중하고

그것을 획득해가고 있음에 감사하라.

감사하는 훈련을 하면 신념도 강화되고

목적의식도 새롭게 될 것이다.

필사한 날짜

□□□□년□월□일 ~ □□□□년□월□일

발전하는 느낌

The Impression of Increase

직업을 바꿀 생각이든 아니든
현재 당신의 행동은 당신이 몸담고 있는
직업과 관련된 것이라야 한다.

현재의 직업을 생산적으로 이용함으로써
원하는 직업으로 갈아탈 수 있다.
이는 매일의 일을 특정 방식대로 하는 것을 말한다.

그리고 현재 하는 일이 사람을
직접(혹은 글을 통해) 상대하는 일이라면
상대하는 사람들에게
발전하고 있다는 느낌을 전달하는 데
모든 노력을 쏟아부어야 한다.
발전은 모든 사람이 갈구하는 것이다.
좀 더 풍부한 자기표현을 추구하는 것은
모든 사람에 깃들어 있는
무형의 근원물질의 충동이기 때문이다.

자연에 존재하는 모든 것이 발전을 원한다.
이 갈망은 우주에 내재되어 있는
근본적인 충동인 것이다.
인간의 모든 행동은 진보하고자 하는 갈망에
그 뿌리를 두고 있어서 더 많은 음식,
더 많은 옷, 더 나은 집, 더 많은 사치품,
더 뛰어난 아름다움, 더 많은 지식,
더 많은 즐거움을 추구한다 – 발전,
즉 더욱 충만한 삶을 갈구하는 것이다.

살아 있는 것은
모두 이처럼 끊임없는 진보(발전)를 속성으로 한다.
삶의 발전이 멈추는 시점이
바로 해체와 죽음이
동시에 찾아오는 시점이다.

인간은 본능적으로 이것을 알기 때문에
끊임없이 더 많은 것을 추구한다.
이와 같은 영원한 확장의 법칙은
예수에 의해 달란트의 비유[2]로 정식화되었다.
즉, 더 많이 성취하는 자만이
가진 것을 유지할 수 있으며
그렇지 못한 자는 지금 가지고 있는 것마저
빼앗긴다는 것이다.

부를 늘리려는 정상적인 욕망은
사악하거나 비난받을 만한 것이 아니다.
그러한 욕망은 단순히 좀 더 충만한 삶에 대한
욕망이며 성취욕인 것이다.

이러한 욕망은 인간 본성의
가장 밑바탕을 이루기 때문에
남녀를 막론하고 사람들은 자신에게
더 많은 삶의 수단을 주는 상대에게 매혹된다.

2 414~419쪽에서 이 비유를 필사할 수 있습니다.

앞에서 말한 특정 방식을 따르면
자신을 끊임없이 향상시킬 수 있으며,
상대하는 다른 모든 사람 역시 그 향상에 전염된다.

당신은 창조력의 중심이며
그 창조력이 다른 모든 사람에게 전파되는 것이다.
이 점에 확신을 가지고 남녀노소를 막론하고
접촉하는 모든 사람에게 당신의 확신을 전하라.
그 전파가 아무리 미약하다고 해도,
조그마한 꼬마에게 사탕 하나를 파는 일이라고 해도,
그 행위의 향상에 대한 생각을 담아라.
그래서 당신의 생각이 그 꼬마 고객에게
깊은 인상을 주게 하라.

The Science of Getting Rich

당신이 하는 모든 일에
향상의 인상을 심어 전달하라.
그러면 모든 사람이 당신은 발전하는 사람,
접촉하는 모든 사람을 향상시키는
사람이라는 인상을 갖게 될 것이다.
심지어 아무런 사업적 의도가 없이,
뭘 팔려는 생각이 없이
그저 사교적인 모임에서 만나는 사람들에게도,
향상의 아이디어를 전하라.

스스로 향상의 길을 가고 있다는

굳은 신념을 갖고,

신념에서 우러나는 행동,

신념으로 가득 찬 행동을 보임으로써

이러한 향상의 느낌을 전달할 수 있다.

당신 자신이 발전하는 사람이며,

남들도 발전하게 만드는 사람이라는

굳은 신념을 가지고 모든 일에 임하라.

자신이 부자가 되어가고 있으며 그럼으로써

다른 사람들도 부자로 만들고 있고,

그 혜택이 모든 사람에게 돌아가고 있다고 느껴봐라.

자신이 거둔 성공을 자랑하거나 뽐내거나

그에 대해 쓸데없이 이야기하지 마라.

진실한 신념이란 자만하지 않는 것이다.

자만하는 자는 사실
마음속으로 의심하고
두려워하고 있는 자다.
신념을 가슴으로 품어라.
그래야 어떤 거래를 하든 그 신념이 전달되어
당신의 행동, 목소리, 표정 하나하나에
당신이 부를 축적하고 있으며
이미 부자라는 확신이 어리게 된다.
이런 신념을 다른 사람들에게 전달하는 데
말은 필요하지 않다.
사람들은 당신을 만나면
발전한다는 느낌을 받을 것이고
그래서 당신에게 매혹될 것이다.

이처럼 발전하는 인상을 심어줘서
사람들에게 당신과 거래하기만 해도
발전할 것이라는 느낌이 들게 하라.
그러면서 사람들에게서 받은
현금 가치 이상의 사용 가치를 반드시 돌려줘라.

자긍심을 가지고 그렇게 하면서
사람들이 이를 알게 하라.
그러면 고객이 부족하게 되는 일은
결코 일어나지 않을 것이다.
사람들은 발전을 경험하는 곳으로
모이기 마련이다.
전지전능한 신은 모든 만물이
발전하기를 바라기 때문에
이런 당신에게 사람들을
(이들은 당신의 이름조차 들어본 적이 없다) 보낼 것이다.
사업은 빠르게 번창하고
당신은 수중으로 들어오는 예상치 못했던
수익에 놀라게 될 것이다.
매일매일 사업 규모가 커지면서
더 많은 이윤이 확보될 것이고
이제는 원하기만 한다면 좀 더 유쾌한 직업으로
전직을 할 수도 있게 될 것이다.
그러나 이 모든 것을 함에 있어
원하는 것에 대한 비전,
즉 원하는 것을 갖고야 말겠다는
신념과 목적을 잊어서는 결코 안 된다.

이쯤 해서 동기부여에 관하여
당부의 말을 한마디 더 하고자 한다.
다른 사람을 지배하고자 하는 유혹이
은연중에 생기는 것을 조심하라.

정신적인 발달 및 형성이 미숙한 사람에게 있어서
다른 사람들을 지배하고
군림하는 것만큼이나 즐거운 일은 없다.
그러나 사리사욕을 위한 지배 욕망은
다른 사람들에게는 저주일 뿐이다.
수많은 시대에 걸쳐 왕과 군주들은
자신의 지배력을 넓히기 위해 전쟁을 벌이고
대지를 피로 물들였다.
이런 욕망은 모든 사람이
좀 더 나은 삶을 살게 하기 위한 것이 아니라
자신의 세력을 키우려는 노력에 불과하다.

Beware of the insidious temptation to
seek for power over other men.

오늘날 기업이나 산업계의 주요 동기도 마찬가지다.
엄청난 자금을 동원하여
다른 사람들을 지배하려는 쟁탈전을 벌인다.
과거와 달라진 게 없는 이러한 정신 나간 짓으로
수백만 명의 삶과 영혼이 황폐해진다.
정치적인 제왕과 마찬가지로
상업적인 제왕도 권력을 향한 욕망에 사로잡혀 있다.

예수는 세상을 사악하게 만드는 원인이
바로 지배욕에 있음을 간파하고 이를 뒤엎고자 하였다.
마태복음 23장을 읽어보라.
주인님이라 불리고, 높은 자리에 앉아
다른 사람들을 지배하며 힘없는 사람들의 등에
무거운 짐을 지우는 바리새인들의 탐욕을
예수가 어떻게 묘사하는지 보라.
예수가 지배욕을 (형제애를 가지고)
공익을 추구하는 것과 어떻게 비교하는지 보라.
예수가 열두 제자들에게 설파한 것은
바로 공익이었다.

권력에 대한 유혹, 주인이 되고자 하는 유혹,

다른 사람들의 위에 군림하며

호화로운 모습을 보이고 싶은 유혹을 경계하라.

지배욕은 경쟁의 마음이다.

이러한 경쟁 정신은 창의적인 것이 아니다.

자신의 환경과 운명을 지배하기 위해서

같은 인간들을 지배할 필요는 전혀 없다.

권세를 얻으려는 세속적인 투쟁에 말려드는 순간이

사실은 운명과 환경에 의해 정복되기 시작하는 순간이며

부를 얻는 것이 순전히 운과 투기의 문제가 되는 순간이다.

경쟁심을 경계하라.

톨레도의 故 황금률 존스[3]가 즐겨 쓰던

"다른 사람들도 내가 갖고 싶은 것을 갖게 됐으면 좋겠다"만큼

창조행위의 원칙을 잘 표현한 말도 찾아보기 어렵다.

---

3 사무엘 밀턴 존스는, '황금률 존스'라고도 불렸으며 1846에서 1904년까지 살았다. 1897년에서 1904년까지 오하이오주 털리도(Toledo)의 시장을 지냈으며 재임 중 사망했다. 털리도 시장 당시 황금률을 주장하여 유명해졌으며 이후 황금률은 그의 별명이 되었다(출처: 위키피디아 인터넷무료백과사전).

달란트의 비유

어떤 사람이 집을 떠나 여행을 가게 되어,
그 종들을 불러 자기 소유물을 맡기게 되었다.
그는 각자의 재능에 따라
한 종에게는 금 다섯 달란트를,
다른 하나에게는 두 달란트를,
다른 하나에게는 한 달란트를 맡기고 떠났다.

다섯 달란트를 받은 종은
바로 가서 그것으로 장사를 하여
추가로 다섯 달란트를 남기고,
두 달란트를 받은 종도 그같이 하여
추가로 두 달란트를 남겼으나,
한 달란트를 받은 자는 가서
땅을 파고 그 주인의 돈을 감추어두었다.

오랜 후에 그 종들의 주인이 돌아와

종들과 회계를 하게 되었다.

다섯 달란트를 받았던 자는

다섯 달란트를 더 가지고 와서 말했다.

"주인님, 제게 다섯 달란트를 주셨는데, 보십시오.

제가 다섯 달란트를 추가로 남겼습니다."

그 주인이 말했다.

"잘하였다. 착하고 충성된 종아,

네가 작은 액수의 돈도 잘 관리하였으므로

이제 내가 많은 액수를 네게 맡길 것이다.

이리 와서 나와 함께 행복을 누리자."

두 달란트를 받았던 종도 와서 말했다.

"주인님, 제게 두 달란트를 주셨는데, 보십시오.

제가 또 두 달란트를 추가로 남겼습니다."

그 주인이 말했다.

"잘하였다. 착하고 충성된

네가 작은 액수의 돈도 잘 관리하였으므로

이제 내가 많은 액수를 너에게 맡길 것이다.

이리 와서 나와 함께 행복을 누리자."

한 달란트를 받았던 종도 와서 말했다.

"주인님께서는 굳은 사람이라.

심지 않은 데서 거두고 뿌리지 않은 데서

모으는 줄을 내가 알았으므로, 두려워하여 나가서

당신의 달란트를 땅에 감추어두었습니다. 보십시오.

여기 당신의 것을 받으십시오."

그 주인이 말했다.

"이 악하고 게으른 종아, 나는 심지 않은 데서 거두고

뿌리지도 않은 데서 모으는 줄로 네가 알았느냐?

그러면 네가 마땅히 내 돈을 대금업자에게 맡겼다가,

내가 돌아왔을 때 본전과 이자를 받게 했어야 할 것이다.

저자에게서 그 한 달란트를 빼앗아

열 달란트 가진 자에게 주어라.

무릇 있는 자는 받아 풍족하게 되고,

없는 자는 그 있는 것까지 빼앗기리라.

이 쓸모없는 종을 바깥 어두운 데로 내어 쫓으라.

거기서 슬피 울며 이를 갈게 하라."

필사한 날짜

☐☐☐☐ 년 ☐ 월 ☐ 일 ~ ☐☐☐☐ 년 ☐ 월 ☐ 일

발전하는 인간

The Advancing Man

앞 장의 내용은 상업 종사자뿐만 아니라
급료를 받는 사람이나
전문직 종사자에게도 똑같이 적용된다.

직업이 의사이건, 교사이건,
성직자이건 상관없이
다른 사람들의 삶을 발전시킬 수만 있다면,
그래서 사람들이 그 사실을 느끼게 된다면
그들은 당신에게 매혹될 것이며
당신은 부자가 될 것이다.
여태까지 말했던 것처럼
자신이 훌륭하고 성공적인 의사라는 믿음하에
신념을 갖고 그 목적의 실현을 위해 매진하는
의사는 신의 섭리에 매우 가깝게 접근하고 있기 때문에
경이적인 성공을 거둘 것이다.
환자들이 엄청나게 몰려들 것이기 때문이다.

이 책의 가르침을 실행에 옮김에 있어

의료를 행하는 사람들보다 더 유리한 사람들은 없다.

어떤 의료학파인지는 상관없다.

질병 치료라는 원칙은 모든 학파에 공통적이며

어떤 학파든 실천할 수 있기 때문이다.

의료 분야에서, 성공하고야 말겠다는

분명한 비전을 마음에 품고 신념,

목적의식, 감사의 법칙에 충실한 사람은 발전할 것이며,

어떤 치료법을 사용하든,

완치 가능성이 있는 환자는

모두 다 완치시키게 될 것이다.

종교 분야의 경우,

부자가 되는 진정한 과학적 방법을

신도들에게 가르칠 수 있는 성직자가 절실하다.

부자가 되는 과학적인 방법뿐만 아니라,

건강해지고, 위대해지고,

사랑을 얻을 수 있는 과학적 방법을

종합적이고 자세히 터득하고

이를 연단에 서서 구체적으로 설파할 수 있는

사람의 앞은 늘 신도들로 북적댈 것이다.

이것이 바로 세상이 필요로 하는 복음이기 때문이다.

이러한 설교는 삶을 발전시키므로

사람들은 이를 기꺼이 들으며

설교자에게 아낌없는 지지를 보낼 것이다.

이제 필요한 것은 연단에서
삶의 과학을 시연해 보이는 것이다.
사람들이 원하는 설교자는
부자가 되는 과학적 방법을
말로만 설파하는 사람이 아니라
그 자신이 직접 실천으로 보여주는 설교자다.
자신이 실제로 부자이고, 건강하고,
훌륭하고, 사랑을 받으며 어떻게 하면
그렇게 될 수 있는지를 보여줄
설교자가 필요한 것이다.
그런 사람이 나타난다면
수많은 사람이
진심으로 그를 따를 것이다.

발전하는 삶에 대한 신념과 목적의식을
아이들에게 불어넣어 줄 수 있는 교사 역시 마찬가지다.
이런 교사는 직장에서 쫓겨날 리가 결코 없다.
그리고 이러한 신념과 목적의식을 갖추고 있는 교사라면
누구나 자신의 신념과 목적의식을
학생들에게 전해줄 수 있다.
교사가 자신의 신념과 목적의식을 삶의
일부로 늘 실천하고 있다면
그렇게 되지 않으려야 않을 수가 없다.

이는 교사와 설교자, 의사뿐만 아니라
법률가, 치과의사, 부동산 중개업자, 보험대리인 등
누구에게나 다 마찬가지다.

지금까지 설명한 대로 태도와 실천이 결합하게 되면
그 결과는 분명하다.
결코 실패할 수가 없는 것이다.
여기 제시된 지침들을 끊임없이, 인내심을 가지고,
하나하나 그대로 수행하는 사람들은
모두가 부자가 될 것이다.
삶 향상의 법칙은 중력의 법칙만큼이나
수학적으로 정확하게 작동한다.
그러므로 부자가 되는 것은 틀림없이 과학이다.

봉급생활자들 역시 위에서 언급된
다른 직종의 사람들과 마찬가지임을 알게 될 것이다.
뚜렷하게 발전의 기회가 보이지 않는 직장,
임금은 적고 생활비는 많이 들어가는
지역에서 일하고 있기 때문에
부자가 될 기회가 없는 것 아니냐는 생각은 하지 마라.
원하는 것에 관한 뚜렷한 비전을 형성하라.
그 후 신념과 목적의식을 가지고 행동에 임하라.

그날 할 수 있는 일은 모두 그날 하라.

매일 그렇게 하라.

각각의 일을 완벽하게 완수하라.

즉, 성공의 힘과 부자가 되겠다는

목적의식을 가지고 모든 일을 하라.

하지만 단지 고용주나 상관에게 잘 보이겠다는 생각으로,

그들이 당신이 일을 잘한다는 것을 알고

당신을 승진시켜 줄 것이라는 기대를 가지고

이것을 실천하지는 마라.

고용주나 상관이 그렇게 해줄 가능성은 작다.

The Science of Getting Rich

그저 일을 잘하는 사람,

최선을 다해서 자기 직책의 임무를 완수하는 사람,

그리고 그것에 만족하는 사람은

고용주의 입장에서 봤을 때 가치 있는 사람이긴 하지만

승진 대상자로 고려되는 사람은 아니다.

그런 사람은 현재의 직책에 더 어울리는 사람이기 때문이다.

확실히 승진하기 위해서는 직책이 요구하는 것보다

더 큰 능력을 갖고 있는 것만으로는 부족하다.

확실히 승진하는 사람은 직책이 요구하는 것보다

더 큰 능력을 갖추고 동시에

원하는 것에 대한 분명한 비전이 있고,

원하는 것이 될 수 있음을 깨닫고 있으며

원하는 것이 기필코 되고야 말겠다는

결심이 있는 사람이다.

The Science of Getting Rich

현재 맡은 직책 이상의 일을 할 때,

고용주를 기쁘게 하기 위해 그렇게 하지는 마라.

자신을 발전시키겠다는 마음으로 움직여라.

일하는 동안에도 일이 끝난 후에도

일하기 전에도 항상 발전에 대한　　.

신념과 목적의식을 견지하라.

그래서 상사이건, 동료이건,

아는 사람이건 간에 당신이 만나는

모든 사람이 당신으로부터 발산되는

집념의 힘과 발전, 향상을 느낄 수 있게 하라.

사람들은 그런 당신에게 매혹될 것이며,

이렇게 되면 설령 현 직장에서

승진의 기회가 보이지 않는다고 해도

조만간 다른 일을 얻을 기회가 찾아올 것이다.

신은 특정 방식에 따라 움직이면서

발전하는 사람에게는

기회를 주지 않으려야 않을 수가 없다.

신은 당신을 돕지 않을 수 없다.

당신이 특정 방식대로 행동하는 한

신은 신 자신을 위해서라도

당신을 도와야 하기 때문이다.

환경이나 업계의 형편 따위는

결코 당신을 얽매어둘 수 없다.

만약 철강업체에서 일을 해서

부자가 될 수 없다면

10에이커 크기의 농장에서 일을 해서

부자가 될 수 있다.

당신이 특정 방식에 따라 움직이기 시작한다면

분명히 철강업체의 족쇄에서 벗어나

농장이건 어디건 원하는 곳으로 가게 될 것이다.

철강업체의 종업원 수천 명이

특정 방식으로 행동하기 시작한다면

그 업체는 곧 심각한 곤경에 처하게 될 것이다.

종업원들에게 더 나은 기회를 주거나 아니면

사업을 접어야 하기 때문이다.

철강업체에서 일하는 것은 강제적인 의무가 아니다.

따라서 이제 희망이 없는

철강업체에는 너무 무지해서

부자가 되는 과학적 방법에 대해 모르거나

알더라도 정신적으로 나태해서

이를 실천에 옮기지 못하는 사람들만 남게 될 것이다.

여태까지 말한 방식대로 생각하고 행동하기 시작하라.

확고한 신념과 목적의식은 감각을 예리하게 만들어,

상황을 호전시킬 기회를 재빨리 포착하게 해줄 것이다.

기회들은 빠르게 다가올 것이다.

신이란 만물에 깃들어 있고

당신을 위해서도 일하므로

이런 기회들을 가져다주는 것이다.

기회가 100% 당신이 원하는 모습 그대로 올 때까지 기다리지 마라.

현재의 당신보다 좀 더 나아질 수 있는 기회가 찾아왔고

그 기회에 마음이 쏠린다면 잡아라.

좀 더 커다란 기회를 향한 첫걸음이 될 것이다.

Do not wait for an opportunity to be all that you want to be;

when an opportunity to be more than you are now is presented and

you feel impelled toward it, take it. It will be the first step toward

a greater opportunity.

The Science of Getting Rich

삶이 발전하는데 기회가 찾아오지 않는다는 것은

결코 있을 수 없는 일이다.

모든 것은 발전하는 사람을 위해 존재하며

발전하는 자의 이익 실현을 위해 작용한다.

이것은 우주의 선천적인 성질이다.

따라서 특정 방식대로 생각하고 행동한다면

반드시 부자가 되는 것이다.

그러므로 봉급생활자 모두가

이 책을 열심히 공부하게 하고,

신념을 가지고 책의 지침을 따르게 하자.

실패란 없다.

필사한 날짜

☐☐☐☐년☐월☐일 ~ ☐☐☐☐년☐월☐일

주의사항과 결론

Some Cautions and Concluding Observations

부자가 되는 과학적인 방법이 있다고 말하면
비웃는 사람들이 많을 것이다.
부는 공급이 고정되어 있다는
선입견을 품은 사람들이기 때문에
이런 사람들은 사회와 정부의 제도가 바뀌어야
비로소 제법 많은 사람이 부를
획득할 수 있다고 주장한다.
그러나 이들의 주장은 사실이 아니다.

기존의 정부들이 대중을 궁핍한 상태에
내버려두고 있다는 것은 사실이다.
그러나 대중이 가난한 진짜 이유는
특정 방식대로 생각하고
행동하지 않기 때문이다.

대중이 이 책의 지침대로 발전하기 시작하면,
정부건 산업 시스템이건 그 발전을 막을 수가 없다.
모든 시스템이 이 발전을 수용하기 위해
수정되어야만 하는 것이다.
대중이 발전 정신을 가지고 있다면,
부자가 될 수 있다는 신념이 있다면,
그래서 부자가 되겠다는
확고한 목적의식을 가지고 앞으로 나아간다면
그 어떤 것도 이들을 가난에 얽매어둘 수 없다.

언제든지, 어떤 정부 체제하에서든지
누구나 특정 방식대로 생각하고 행동할 수 있으며,
그래서 스스로 부자가 될 수 있다.
상당수의 사람이 이렇게 하면
그 때문에 정부 체제에도 변화가 일어나
다른 사람들에게도 길이 열리게 된다.

경쟁 상태에서는 부자가 되는 사람들이 많아질수록
다른 사람들의 상황은 더 나빠지지만
창조 상태에서는 부자가 되는 사람들이 많아질수록
다른 사람들의 상황도 좋아진다.

대중을 경제적으로 구원하는
유일한 방법은 수많은 사람이
이 책에 기술된 과학적 방법을 실천하게 해서
부자가 되게 하는 것뿐이다.
그럼 이것이 본보기가 되어 다른 사람들도
진정한 삶을 살고자 하는 욕망,
진정한 삶은 성취될 수 있다는 신념,
진정한 삶을 성취하고야 말겠다는 목적의식으로
불타오르게 될 것이다.

그러나 현재로서는 정부 체제나 자본주의적 (즉, 경쟁적)
산업 체제 같은 것들 때문에
부자가 되지 못하는 것이 아니라는 것을
아는 것만으로도 충분하다.
창조적으로 생각하기 시작하면
이 모든 것의 영향력에서 벗어나
완전히 새로운 세계에 들어서게 되는 것이다.

그러나 한순간이라도 창조 마인드를 놓쳐서는
결코 안 된다는 것을 명심하라.
공급이 제한되어 있다는 생각이나
경쟁 마인드에서 비롯된 행동을
단 한 순간이라도 해서는 안 된다.

경쟁이라는 낡은 사고방식에 빠져들 때마다
즉각 자신을 바로 잡아라.
경쟁 마인드에 빠져들게 되면
'전체를 살피는 신의 마음'과의
교감을 잃게 되기 때문이다.

장차 일어날지 모를 긴급 상황에 대비한 계획을 세우는 데
시간을 쓰지 마라(미래에 대비한 계획이 오늘의 행동에
영향을 미칠 수 있기 때문에 불가피한 경우만 예외다).
오늘 할 일을 완벽하게 완수해내는 데에만 신경을 써라.
내일 일어날 수도 있는 위급상황에는 신경 쓰지 마라.
그건 그때 가서 처리하면 된다.

장애물이 분명하게 보여서 이를 피하기 위해
현재의 노선을 수정해야 된다는 것이
명백한 경우가 아니라면,
미래에 혹시 생길지도 모를
장애물을 어떻게 극복할 것인지를 생각하느라
머리를 어지럽히지 마라.
먼발치에서 보기에 아무리 엄청나게 보이는 장애물이라도,
특정 방식대로 행동해온 사람이라면
막상 그 장애물에 가까이 다가갔을 때
장애물이 사라져버리거나,
장애물을 넘거나 우회할 길이 나타난다는 것을
알게 될 것이다.

아무리 복합적인 장애도

철두철미하게 과학적인 방법을 따라

부자가 되기 위해 매진하는 사람의 앞길을 막을 수는 없다.

부자가 되는 과학적인 방법을 지키는 사람이

가난에서 헤어나지 못하는 일은 절대 없다.

이것은 마치 2×2는 반드시 4가 되는 것과 마찬가지다.

있을지도 모를 재난, 장애, 두려움 때문에

혹은 상황이 복잡하게 뒤얽힐지도 모른다는

걱정 때문에 마음 졸이지 마라.

막상 이런 문제들이 나타났을 때

대처할 시간은 충분하다.

또한 어려움이 생길 때는 언제든지

그 어려움을 극복할 수단도

함께 나타난다는 것을 알게 될 것이다.

Give no anxious thought to possible disasters, obstacles, panics,

or unfavorable combinations of circumstances; it is time enough to

meet such things when they present themselves before you in the

immediate present, and you will find that every difficulty carries with

it the wherewithal for its overcoming.

말을 조심하라.
당신 자신,
당신에 관계된 일 및
그 밖의 어떤 것에 대해서도
비관하지 말 것이며
비관적인 말도 하지 마라.

실패의 가능성을
결코 받아들이지 마라.
또한 실패를 염두에 둔 말도
결코 하지 마라.

어려운 때라거나 사업 상황이

불확실하다는 식으로 말하지 마라.

경쟁 상태에 머무르는 사람에게는

때가 어려울 수 있고

사업 상황이 불확실할 수도 있다.

그러나 이런 것들은 창조 상태에 들어선 사람에게는

결코 있을 수 없는 일들이다.

당신은 원하는 것은 무엇이든 창조할 수 있다.

당신은 두려움을 초월한 존재다.

다른 사람들은 어려운 시기를 겪고

사업이 안 풀릴 때도

당신은 생애 최대의 기회들을 발견하게 될 것이다.

세상을 형성되어 가는 것, 자라나는 것으로

생각하고 파악하도록 하는 훈련을 하라.

마찬가지로 사악해 보이는 것은

덜 발달된 것으로 간주하도록 하는 훈련을 하라.

항상 발전의 관점에서 이야기하라.

그렇게 하지 못하는 것은 신념을 부정하는 것이며

신념을 부정하는 것은

곧 신념을 잃는 것을 의미한다.

결코 실망하지 마라.

어떤 시기에 뭔가를 얻게 될 것으로 기대했다가

막상 그때가 돼서도 바라던 것을 얻지 못하게 되는 때가 있다.

이렇게 되면 실패한 것처럼 느껴지게 될 것이다.

그러나 신념을 굳건히 하면

실패란 그저 겉보기에만 그렇다는 것을 알게 될 것이다.

혹시 원하던 것을 얻지 못하게 되더라도

특정 방식대로 매진하면 나중에는

훨씬 더 좋은 것을 얻게 될 것이기 때문에

실패처럼 보였던 것이

사실은 더 위대한 성공이었다는 것을 알게 될 것이다.

부자가 되는 과학적 방법을 배운 사람이

어떤 시기에 아주 그럴듯해 보이는

어떤 사업을 하고자 마음을 먹었다고 하자.

그래서 이를 실현시키기 위해 몇 주 동안 열심히 일한다.

결정적인 순간이 다가왔을 때

사업은 도무지 알 수 없는 이유로 실패하고 만다.

마치 보이지 않는 힘이

몰래 훼방을 하지 않았나 싶을 정도다.

그러나 그는 실망하지 않는다.

반대로 그는 자신이 바라던 것이 실현되지 않은 것에 대해

신에게 감사하고 기쁜 마음으로 꾸준히 매진한다.

몇 주 후에, 처음 것은 거저 준다고 해도

거들떠보지도 않을 만큼이나

더 좋은 기회가 그의 앞에 나타난다.

사람의 이성이 도저히 견줄 수 없는 '정신'이 있어서

보잘것없는 것을 잡느라 훨씬 더 좋은 기회를

놓치는 일이 벌어지지 않도록

처음 것에서 실패하게 했다는 것을 그는 안다.

신념을 잃지 않고 목적의식을 굳건히 하며
감사하는 마음을 가지고
매일매일 그날 할 수 있는 일들을
하나하나 성공적으로 완수해낸다면,
언뜻 보기에는 실패한 것처럼 보이는 것들도
이와 같은 방식으로 득이 되어 돌아온다.

혹시라도 실패한다면 너무나 소박한 바람을 품었기 때문이다.
주저앉지 마라.
포기하지만 않으면 원하고 있었던 것보다
훨씬 더 좋은 것이 나타날 것이다.

When you make a failure,
it is because you have not asked for enough;
keep on, and a larger thing than you were seeking will
certainly come to you.

잊지 마라. 하고 싶은 것을 할

재능이 없어서 실패하는 것이 아니다.

이 책에서 여태까지 말한 대로만 한다면

하고 싶은 것을 하는 데에 필요한 모든 재능이 계발될 것이다.

필요한 재능을 계발하는 과학적 방법은

이 책의 범위를 벗어난다.

그러나 이것 역시 부자가 되는 과학적 방법만큼이나

간단하고 분명하다.

그러나 막상 어떤 지점에 이르렀을 때

능력 부족으로 실패할 것이

두려워서 주저하거나 망설이지 마라.

계속 밀어붙여라.

실제 그 지점에 이르게 되면 필요한 능력이 주어질 것이다.

링컨이 학교 교육을 제대로 받지 못했음에도

그 어떤 대통령보다 더 위대한 업적을 이룰 수 있게 했던

바로 그 능력의 원천이 당신에게도 있다.

맡은 책임을 완수하는 데 필요한 지혜를 얻기 위해

전지전능한 신의 힘을 이용할 수 있는 것이다.

확고한 신념을 가지고 밀어붙여라.

이 책을 공부하라.

책에 담겨 있는 내용을 모두 꿰뚫게 될 때까지는

이 책을 늘 곁에 두어라.

책의 가르침에 대한 믿음이 공고히 형성되고 있는 와중에는

모든 오락과 쾌락을 멀리하고

책의 가르침과 상충하는 내용을 강의하거나

설교하는 곳에도 가지 않는 것이 좋다.

비관적인 글, 책의 가르침과

상충하는 내용의 글을 읽지 말고

그런 내용을 가지고 논쟁에 말려들지도 마라.

서문에 나오는 저자들의 글을 제외한 다른 글은 거의 읽지 마라.

여가 시간의 대부분은 비전을 깊이 생각하고,

감사하는 마음을 북돋우고 이 책을 읽는 데에 써라.

이 책에는 과학적인 방법으로 부자가 되기 위해

알아야 할 모든 내용이 다 들어 있다.

그 가장 기본이 되는 것들을 다음 장에 요약해두었다.

필사한 날짜

년 월 일 ~ 년 월 일

부자가 되는 과학적 방법의 요약

Summary of the Science of Getting Rich

17

다른 모든 것의 근원이 되는 생각하는 근원물질이 있다.

이것은 그 원초적인 형상으로
우주의 모든 공간에 침투하여 퍼져 있고 채워져 있다.

이 생각하는 근원물질이 생각을 하면
그 생각의 이미지대로 형상이 창조된다.
사람은 형상을 생각할 수 있으며
그가 생각한 형상을 무형의 근원물질에 작용시켜
그가 창조하고자 생각했던 것을 만들어낼 수 있다.

이렇게 하기 위해서는 경쟁에서 창조로 옮아가야 한다.
그렇지 않으면 '무형의 지혜'와 조화를 이룰 수 없다.
'무형의 지혜'는 언제나 창조적이며 근본적으로
결코 경쟁적이지 않다.

주어진 축복에 대해 진실로
지극한 감사의 마음을 갖는 사람은
무형의 근원물질과 완벽한 조화를 이룰 수 있다.

감사하는 마음을 통해
우리의 마음은 근원물질의 마음과 하나가 되며,
우리의 생각이 곧 근원물질의 생각이 된다.
이렇게 언제나 지극한 감사의 마음을 유지하는 사람만이
근원물질의 마음과 하나가 되어 창조단계에 머무를 수 있다.

갖고 싶은 것, 하고 싶은 것,
되고 싶은 것을 마음속에
분명한 이미지로 갖고 있어야 한다.
이 이미지를 마음속으로 확고히 하고
이러한 모든 소망을 갖도록
허락해준 신에게 깊이 감사해야 한다.
부자가 되고자 하는 사람은
자신이 가진 비전을 항상 생각하고
그 비전이 실현되고 있음을 진실로 감사하며
여가 시간을 보내야 한다.
불굴의 신념과 지극한 감사의 마음을 가지고
마음속의 이미지를 곱씹어보는 것의 중요성은
말로 다 표현할 수 없을 정도다.
마음의 이미지가 무형의 근원물질에 전달되어
창조적인 힘이 작동하게 되는 과정이기 때문이다.

창조적인 에너지는 기존의 자연적인 발달 경로나
산업적·사회적 질서를 통해서 힘을 발휘한다.
불굴의 신념을 가지고 위에서 말한 사항들을 따르는 사람은
자신이 마음속에 가지고 있는
모든 이미지가 실제로 분명히 이뤄질 것이다.
그가 원하는 것들이
기존의 상업 교역 경로를 통해 실현될 것이다.

자기 몫을 놓치지 않기 위해서는 적극적이어야 한다.
적극성이란 자신의 현재 직책에 충실한 것 이상을 의미한다.
마음속의 이미지를 실현함으로써
부자가 되고 말겠다는 목적의식을 잊어서는 절대로 안 된다.
그날 할 수 있는 일은 모두 그날 처리하라.
심혈을 기울여 각각의 일을 성공적으로 완수하라.

거래할 때에는 받은 현금 가치 이상의
사용 가치를 되돌려줘라.
그래야 각각의 거래가 모두에게 보탬이 된다.
스스로 발전하고 있다는 생각을 확고하게 가져라.
그러면 만나는 모든 사람에게
그 발전의 느낌이 전염될 것이다.

여태까지 말했던 것들을 실행에 옮기는 사람은
분명히 누구나 부자가 될 것이다.
이들이 획득하는 부는 이들이
얼마나 확고한 비전(이미지)을 가지고 있느냐,
얼마나 뚜렷한 목적의식을 가지고 있느냐,
얼마나 불굴의 신념을 가지고 있느냐,
얼마나 깊은 감사의 마음을 가지고 있느냐에
정확하게 비례할 것이다.

The men and women who practice the foregoing instructions will
certainly get rich; and the riches they receive will be in exact proportion
to the definiteness of their vision, the fixity of their purpose,
the steadiness of their faith, and the depth of their gratitude.

부자가 되는 과학적 방법

친필로 채우는 고전 필사책

초판인쇄 2023년 04월 14일
초판발행 2023년 04월 14일

지은이 윌리스 D. 와틀스
옮긴이 지갑수
발행인 채종준

출판총괄 박능원
책임편집 유나
디자인 홍은표
마케팅 문선영 · 전예리
전자책 정담자리
국제업무 채보라

브랜드 이담북스
주소 경기도 파주시 회동길 230 (문발동)
투고문의 ksibook13@kstudy.com

발행처 한국학술정보(주)
출판신고 2003년 9월 25일 제406-2003-000012호
인쇄 북토리

ISBN 979-11-6983-272-4   13320